Homemade[H]

Blaues Wunder

Regina Schneider & Birgit Hackl

Homemade

99 kulinarische Mitbringsel

Illustrationen
von Miriam Koch

Gerstenberg Verlag

Inhaltsverzeichnis

Glückwunsch

Dankeschön

Mitbringsel auf Bestellung

Süße Trostpflaster

Festtagsmitbringsel

Die pfiffige Speisekammer

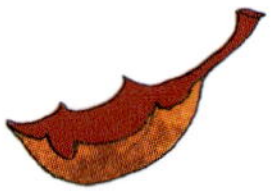

Kochen, backen, Glück verschenken!

Sie möchten etwas ganz Besonderes mitbringen, es soll persönlich und originell sein, nicht schon wieder ein Blumenstrauß oder eine Flasche Wein. Dann sind Sie hier bei uns genau richtig, denn es gibt nichts Schöneres als hausgemachte Mitbringsel! Mit Herz und Köpfchen zubereitet, sind kulinarische Geschenke absolut konkurrenzlos und garantiert willkommen.

Sie möchten Glückwünsche abliefern oder Trostpflaster verteilen, sich für etwas bedanken oder entschuldigen? Es gibt unzählige Anlässe, die nach kleinen Geschenken in schöner Verpackung verlangen, und je persönlicher diese Geschenke sind, desto größer die Freude des Beschenkten – süße und pikante Köstlichkeiten aus eigener Herstellung erhalten die Freundschaft! Selbst wenn Sie spontan zu einem Geburtstagsumtrunk oder ähnlichem eingeladen werden, können Sie aus dem Vollen schöpfen, denn in Ihrer pfiffigen Speisekammer schlummert immer ein leckerer Klassiker der Marke Homemade!

Wir haben 99 Rezepte für unterschiedliche Anlässe zusammengestellt und viele, viele schöne Ideen entwickelt, wie Sie die kulinarischen Mitbringsel am besten verpacken und transportieren können. Und die appetitlichen Illustrationen von Miriam Koch zeigen anschaulich, wie hübsch die kleinen Gaumenfreuden schließlich präsentiert werden können.

So macht Schenken und Beschenktwerden richtig Spaß!

Herzlichen Glück-wunsch

Glückwunsch

Geburtstag

Ihre beste Freundin hat Geburtstag? Nehmen Sie Ihre Glückwünsche einfach eiskalt in der Thermoskanne mit und verbreiten Sie prickelnde Champagnerlaune!

Bellini-Cocktail

Ergibt ½ l

1 reifer Pfirsich
½ l Champagner oder Sekt, eiskalt
Grenadinesirup

- Pfirsich vorsichtig schälen, entsteinen und das Fruchtfleisch pürieren. In eine Glaskanne geben und mit eiskaltem Champagner oder Sekt auffüllen.
- 2 bis 3 Tropfen Grenadinesirup zugeben und kurz umrühren.

VERPACKUNGSIDEE

Bereiten Sie den Bellini-Cocktail gleich in einer hübschen ½-l-Thermoskanne zu. Dazu die Thermoskanne einige Stunden offen im Kühlschrank vorab kühlen. Bellini-Cocktail zubereiten, vorsichtig einfüllen und später gemeinsam genießen!

Führerschein bestanden

Bringen Sie dem frisch gekürten Autofahrer nach bestandener Prüfung energiespendende Nervennahrung mit. Etwas Kleines zum Schnabulieren hat jeder gern im Handschuhfach.

Fruchtgummiherzen

Ergibt 10 Stück

300 g Himbeeren
300 g Zucker
5 g Zitronensäure (aus der Apotheke)
etwas Butter zum Einfetten
Zucker zum Ausrollen
Herz-Ausstecher von 4 cm Durchmesser

- Himbeeren pürieren und durch ein Sieb streichen. Das Fruchtmus mit dem Zucker langsam unter milder Hitze etwa 15 bis 20 Min. einkochen. Sobald die Masse gut eingekocht ist und zäh vom Löffel fällt, die Zitronensäure zusetzen.
- Weitere 5 Min. gut durchrühren und auf ein gefettetes Backblech gießen.
- 4 bis 5 Std. erkalten lassen. Die Masse zieht sich immer weiter zusammen.
- Mit kleinen, gefetteten Herzformen ausstechen und Herzen in Zucker rollen.

TIPP
Sie können auch jeweils 300 g Ananas in Stücken, Erdbeeren oder Mangofleisch in der gleichen Weise zu Fruchtgummi einkochen.

VERPACKUNGSIDEE
Die Fruchtgummis in eine fertig gekaufte kleine Schultüte packen. Aufkleber mit Datum oder Motto wie zum Beispiel »Nie wieder Fahrschule!« anbringen. Schleife drum, fertig!

Für dich soll's rote Rosen regnen

Verschenken Sie zum Valentinstag oder einfach nur so Liebe pur: weiße Schokolade, rote Früchte und Rosenblüten! Das sind die Ingredienzien, die alle Herzen am Tag der Liebe noch höher schlagen lassen.

Flammende Schokoherzen

Ergibt 15 bis 20 Stück

- 60 g getrocknete Cranberries
- 2 EL Kirschwasser
- 225 g weiße Schokolade
- 15 g Kokosfett

- Cranberries in kleine Stücke schneiden, mit Kirschwasser verrühren und etwa 30 Min. durchziehen lassen.
- In der Zwischenzeit Schokolade in Stücke schneiden oder brechen und zusammen mit dem Kokosfett in einem kleinen Topf im Wasserbad (s. S. 105) bei milder Hitze geschmeidig rühren.
- Jeweils ½ TL Schokolade auf flexible, herzförmige Eiswürfelförmchen aus Gummi verteilen, jeweils ½ TL Cranberries daraufgeben und mit jeweils ½ TL Schokolade bedecken, bis Schokolade und Cranberries aufgebraucht sind.
- Die Herzen für etwa 15 Min. in den Gefrierschrank geben und fest werden lassen. Die Herzen aus den Förmchen drücken und in eine fest verschließbare Dose geben. Bis zum Verschenken kühl aufbewahren.

TIPP

Falls Sie keine Cranberries auftreiben können, nehmen Sie getrocknete Preiselbeeren. Die schmecken genauso lecker!

VERPACKUNGSIDEE

Geben Sie die Flammenden Herzen in ein transparentes Plastikherz und packen Sie dies in zartes rosa Seidenpapier, rote Schleife drum, fertig!

Kandierte Rosenblätter

Ergibt 20 Stück

- 20 Blütenblätter von frischen, unbehandelten, duftenden Rosen
- 2 Eiweiß, steif geschlagen
- 100 g Kristallzucker

- Blütenblätter vorsichtig vom bitteren Stielansatz befreien, waschen, mit Küchenkrepp trocken tupfen. Einzeln in Eischnee tauchen und auf ein mit Zucker bestreutes Backpapier legen.
- Die Blätter nochmals auf beiden Seiten mit Zucker bestreuen und bei etwa 80 °C (Umluft 50 °C) im Backofen 30 bis 40 Min. trocknen.
- Die trockenen Rosenblätter lagenweise in eine verschließbare Dose schichten.

VERPACKUNGSIDEE

Zum Verschenken in eine weiße Pappschachtel schichten und mit einer üppigen rosa Schleife verschließen.

Wenn die Hochzeitsglocken läuten

Verliebt, verlobt und – nun ist es endlich soweit – verheiratet! Wenn es ringsum Reis und gute Wünsche regnet, gehen Sie mit einem kreativen Mitbringsel an den Start: Schenken Sie vergoldete Hochzeitsmandeln oder bringen Sie ein dekoratives Erdbeerkonfekt mit, wenn die Temperaturen es erlauben. Die frisch Vermählten werden garantiert dahinschmelzen.

Vergoldete Hochzeitsmandeln

Ergibt 25 Stück

- 25 weiße Wiener Mandeln (aus der Süßwarenabteilung)
- 1 Päckchen (25 Blatt) essbares Blattgold, 22 Karat (aus dem Künstlerbedarf)
- etwas Wasser
- 2 kleine Haarpinsel

- Mandeln einzeln rundherum vorsichtig mit einem in Wasser getauchten Pinsel befeuchten, damit das Blattgold haften bleibt.
- Mandeln vorsichtig über das dünn ausgewalzte Blattgold rollen und mit dem zweiten trockenen Haarpinsel Blattgold rundherum leicht festdrücken.
- Zum Trocknen auf ein Kuchengitter legen.

VERPACKUNGSIDEE

Füllen Sie je fünf Mandeln – sie stehen für Glück, Erfolg, Kindersegen, Gesundheit und Liebe – in einen Tüllbeutel (gibt es fertig im Handel) und verschließen Sie ihn mit einer Schleife.

Petits fours

Ergibt 35 bis 40 Stück

Für den Teig:
- 4 Eigelb
- 4 EL Wasser
- 180 g Zucker
- 4 Eiweiß
- 80 g Speisestärke
- 80 g Mehl
- 1 TL Backpulver

Für die Füllung:
- 3 EL Aprikosenkonfitüre
- 3 EL Himbeerkonfitüre
- 100 g Marzipanrohmasse
- 50 g Puderzucker

Für den Guss:
- 250 g Puderzucker
- 5 EL Wasser

Für die Dekoration:
Lebensmittelfarbe, Dekorblüten, Pistazienkerne, Schokoladenraspel

- Eigelb und Wasser schaumig schlagen, Zucker langsam unter Rühren einstreuen und weitere 2 Min. auf höchster Stufe schaumig rühren. Eiweiß steif schlagen und auf das geschlagene Eigelb geben.
- Stärke, Mehl und Backpulver mischen, auf den Eischnee sieben und mit einem Holzlöffel unterziehen.
- Teig auf ein mit Backpapier ausgelegtes Backblech streichen und das Papier an der offenen Blechseite zu einem Rand knicken. Im vorgeheizten Backofen bei 200 °C (Umluft 180 °C) etwa 10 Min. goldbraun backen. Blech aus dem Ofen nehmen und den Biskuit sofort auf ein Geschirrtuch stürzen, Backpapier mit kaltem Wasser bestreichen und vorsichtig abziehen, Boden auskühlen lassen.
- Biskuitboden teilen und eine Hälfte mit Aprikosenkonfitüre bestreichen. Zweite Hälfte darüber legen und Oberfläche mit Himbeerkonfitüre bestreichen.
- Marzipan mit Puderzucker verkneten, zwischen zwei Lagen aus Frischhaltefolie in der Größe der Biskuitböden ausrollen und auf die geschichteten Teigböden legen. Nach Belieben in kleine Quadrate, Dreiecke und Rauten schneiden oder Kreise ausstechen.
- Für den Guss Puderzucker und Wasser verrühren, eventuell mit Lebensmittelfarbe zart einfärben und Petits fours damit beziehen. Sofort mit Blüten, Pistazien oder Raspeln dekorieren, trocknen lassen.

VERPACKUNGSIDEE

Petits fours in bunte Pralinenhülsen aus Papier stellen und nebeneinander in einer schlichten weißen Schachtel anordnen. Mehr Verpackung braucht es wirklich nicht!

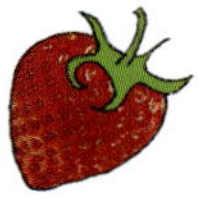

Erdbeerkonfekt

Ergibt 25 bis 30 Stück

500 g	frische Erdbeeren mit Stiel
100 g	weiße Kuvertüre
1 EL	Kokosfett

- Erdbeeren vorsichtig waschen und mit Küchenkrepp trocken tupfen.
- Kuvertüre im Wasserbad schmelzen und mit Kokosfett geschmeidig rühren.
- Die Erdbeeren bis zur Hälfte in die Kuvertüre tauchen und zum Trocknen auf Pergamentpapier oder Backpapier setzen.

TIPP

Die Erdbeeren lassen sich auch in dunkle Schokolade (70 %) eintauchen, oder abwechselnd in weiße und dunkle Schokolade.

VERPACKUNGSIDEE

Legen Sie die Erdbeeren in ein weißes Porzellankörbchen und binden Sie zwei weiße Schleifen dran. So wird das Konfekt zum echten Trau(m)-Geschenk.

Es ist ein Mädchen!

Wenn alle Strapazen vorbei sind und die kleine Prinzessin zufrieden im Körbchen liegt, dann werden Glückwünsche gern angenommen! Und wenn gleich zwei auf einmal das Licht der Welt erblicken, dann freuen sich die Eltern doppelt über den Nachwuchssegen. Bringen Sie süße Teddybären mit, denn für Eltern sind diese Kleinen garantiert zum Anbeißen ...

Biskuit-Teddys

Ergibt 2 Stück

100 g	weiche Butter
2 EL	Zucker
85 g	Puderzucker
1	Eigelb
	Mark von 1 Vanilleschote
280 g	Mehl

1 Teddybärenform aus Papier, etwa 8 x 11 cm
Zuckerschrift

- Butter schaumig rühren, nach und nach Zucker und Puderzucker zugeben, bis die Masse cremig wird.
- Eigelb und Mark der Vanilleschote zugeben, gut verrühren und langsam das gesiebte Mehl unterrühren. Den Teig in Frischhaltefolie wickeln und im Kühlschrank fest werden lassen.
- In der Zwischenzeit eine Teddybärenform aus Papier ausschneiden (Größe 8 x 11 cm) und auf den etwa 3 mm dick ausgerollten Teig legen. Mit einer scharfen Messerspitze 2 Teddybärenformen ausschneiden.
- Biskuit-Teddys auf ein mit Backpapier ausgelegtes Backblech legen und bei 200 °C (Umluft 180 °C) in 6 bis 10 Min. goldbraun backen.
- Auf einem Kuchengitter auskühlen lassen und mit Zuckerschrift nach Gusto bemalen.

VERPACKUNGSIDEE

Legen Sie den beiden Teddys mit Hilfe von Zuckerschrift (viele Farben im Handel erhältlich) zum Beispiel mal ein Strandoutfit an und packen Sie die beiden in eine CD-Geschenkbox. Ein passender Badeteppich lässt sich aus Papier anfertigen und mit giftfreien Wachsmalstiften bemalen. Ein kleiner Papiersonnenschirm (Eisbecherdekoration aus dem Bastelladen) macht die Badeszenerie perfekt.

Neues Heim, Glück allein

Machen Sie es wie die alten Römer, schenken Sie Brot und Salz, wenn Freunde umgezogen sind und ein neues Zuhause haben. Es sorgt dafür, dass zukünftig sowohl die Speisekammer als auch der Kühlschrank wohl gefüllt sein werden und das Glück unterm Dach Einkehr hält!

Brot und Kräutersalz

Ergibt 2 Stangenweißbrote

500 g	Weizenmehl Type 550
1½ TL	Salz
20 g	Hefe
240 ml	lauwarmes Wasser
	lauwarmes Wasser zum Bestreichen

Für das Kräutersalz:

150 g	Speisesalz
2	Stängel frische Basilikumblätter, gezupft
je 2	Zweige Rosmarin und Thymian, Nadeln und Blättchen gezupft

- Mehl in eine Schüssel sieben und Salz untermischen.
- Hefe in lauwarmem Wasser auflösen und zum Mehl geben.
- Mit dem Knethaken des Handrührers oder in der Küchenmaschine 10 bis 15 Min. gut durchkneten, bis ein elastischer, glänzender Teig entsteht. Etwa 1 Std. an einem warmen Ort aufgehen lassen, bis der Teig sein Volumen verdoppelt hat.
- Nochmals kräftig etwa 10 Min. mit den Handballen durchkneten und zu zwei etwa 50 cm langen Baguettebroten formen. Auf ein mit Backpapier ausgelegtes Backblech legen und weitere 30 bis 40 Min. aufgehen lassen.
- Oberseite der Brote mit einer Rasierklinge (oder einem sehr scharfen Küchenmesser) jeweils alle 5 cm hauchdünn quer einritzen und mit lauwarmem Wasser überpinseln. Im vorgeheizten Backofen bei 230 °C (Umluft 190 °C) etwa 25 Min. backen.
- Brote herausnehmen und auf einem Kuchengitter erkalten lassen.

- Für das Kräutersalz frische Kräuter im Mörser sanft zerstoßen.
- Kräutermischung und Salz in eine Schüssel geben und gut vermengen.
- Das Kräutersalz in ein kleines Plastiksäckchen geben, zubinden und bis zum Verschenken kühl stellen.

TIPP

Versuchen Sie für das Salz auch Gewürzmischungen mit frischem Zitronengras, geriebenem Ingwer und ungespritzter Zitronenschale oder frischen grünen Kräutern wie Estragon, Kerbel und Schnittlauch. Sie lassen sich alle zum Verfeinern von Fleisch, Fisch und Gemüsegerichten verwenden. Sehr lecker!

VERPACKUNGSIDEE

Die Brote in zugeschnittene weiße Wellpappe einschlagen.
Das Kräutersalzsäckchen in einen kleinen Stoffbeutel geben, zubinden und mit einem frischen Rosmarin- oder Thymianzweig dekorieren.

Petersilienhochzeit

Auch nach 12½ Jahren soll die Ehe weiterhin grün und würzig bleiben! Bringen Sie deshalb zu diesem Hochzeitstag ein aromatisches Kräuterpesto mit. Da steckt die geballte Kraft der grünen Kräuter drin. Natur-Power für die nächste Runde …

Petersilienpesto

- 50 g glatte Petersilie, gezupft
- 30 g krause Petersilie, gezupft
- 2 Knoblauchzehen, zerdrückt
- 50 g Pinienkerne
- ⅛ l Olivenöl
- 50 g Parmesan, frisch gerieben
- schwarzer Pfeffer aus der Mühle

- Petersilie fein hacken und zusammen mit Knoblauch und Pinienkernen im Mörser (oder im Mixer) fein zerstoßen.
- Olivenöl nach und nach angießen und zum Schluss den Parmesan dazugeben. Mit frisch gemahlenem schwarzen Pfeffer würzen.

TIPP

Sie können auch weitere Kräuter wie Estragon, Kerbel oder Basilikum dazugeben.

VERPACKUNGSIDEE

Schenken Sie das Petersilienpesto im Mörser. Schöne Modelle aus Marmor, Porzellan oder Glas gibt's preiswert im Asialaden.

Mami ist die Beste

Einmal im Jahr muss es schon sein: Da wird Muttern beglückwünscht für den Dienst an ihren Lieben! Nutzen Sie die Gelegenheit für ein originelles Mitbringsel. Schenken Sie kleine Rosengrüße, die auf der Zunge zergehen!

Rosenkonfitüre in Minipasteten

Ergibt 2 Gläser à 250 ml

500 ml Wasser
500 g ungespritzte Rosenblütenblätter, gewaschen, abgetupft
500 g Rohrzucker
Saft von 2 Zitronen
1 EL Rosenwasser

Für die Dekoration:
12 Minipasteten aus Blätterteig
12 Rosenblütenblätter

- Wasser in einem großen, schweren Topf zum Kochen bringen und die Hitze reduzieren.
- Rosenblütenblätter dazugeben und in 5 Min. weich köcheln.
- Zucker und Zitronensaft dazugeben, aufkochen und weitere 30 Min. bei milder Hitze köcheln lassen, bis sich der Zucker aufgelöst hat und die Mischung zähflüssig wird. Rosenwasser dazugeben.
- Sowie die Masse anfängt Blasen zu schlagen, die Gelierprobe machen. Dazu einige Tropfen der Konfitüre auf eine Untertasse geben und erkalten lassen. Bilden sich auf Fingerdruck kleine Falten, ist die Konfitüre gut.
- Löffelchenweise in die Mini-Pasteten füllen. Restliche Konfitüre in sterilisierte Gläser füllen.

TIPP
Die gefüllten Mini-Pasteten schmecken, kurz im Backofen erwärmt, wunderbar zu Kaffee und Tee.

VERPACKUNGSIDEE
Legen Sie jeweils ein Rosenblütenblatt auf die Pasteten und setzen Sie die Pastetchen wieder in die Originalverpackung. Zum Transport großzügig in Folie wickeln.

Vater ist der Größte

Einmal im Jahr schlägt seine große Stunde, da wird er gelobt für Verdienste aller Art: DIE Gelegenheit, ihm etwas Handfestes mitzubringen. Wie wäre es diesmal mit etwas richtig Deftigem für den Vatertagsausflug?

Wildschweinfrikadellen mit Zwiebelkonfitüre

Ergibt 8 Frikadellen und 200 ml Zwiebelkonfitüre

Für die Frikadellen:

400 g	Wildschweinhack
2	Brötchen, in Milch eingeweicht
1	Ei
2	kleine weiße Zwiebeln, gehackt
2	Frühlingszwiebeln, ganz in Röllchen geschnitten
1	Knoblauchzehe, gerieben
	Salz, Pfeffer, evtl. Paniermehl
	Gänseschmalz zum Braten

Für die Zwiebelkonfitüre:

40 g	Butter
1 kg	rote Zwiebeln, geschält, geviertelt
375 ml	Rotwein (z. B. Rioja)
250 ml	Balsamicoessig
50 g	Zucker
2 EL	Johannisbeergelee
1 TL	Salz

- Wildschweinhack in eine Schüssel geben und mit allen Zutaten bis auf das Gänseschmalz gut vermischen. Ist die Masse zu feucht, etwas Paniermehl hinzufügen. 8 Frikadellen formen.
- Schmalz in der Pfanne erhitzen, Frikadellen hineingeben und von beiden Seiten knusprig braun braten. 2 bis 3 Min. bei milder Hitze weiter garen. Herausnehmen und auskühlen lassen.
- Für die Zwiebelkonfitüre Butter im Topf zerlassen. Zwiebeln dazugeben und garen, bis sie weich sind. Alle anderen Zutaten hineingeben und gut durchrühren. 1½ Std. bei sehr milder Hitze köcheln lassen, bis die Flüssigkeit fast verkocht ist. Gelegentlich umrühren.
- Zwiebelkonfitüre in ein heiß ausgespültes Glasgefäß geben und fest verschließen.

VERPACKUNGSIDEE

Bekleben Sie eine große und eine kleine Frischhaltebox mit PC-Fotoausdrucken des Vatertagsausflugs »Paps und seine Freunde« aus dem Vorjahr. Dazu den Papierausdruck auf die Größen der Boxen zuschneiden und auf der Außenseite rundherum festkleben. Auch der Deckel lässt sich so bekleben. Die Frikadellen in Alufolie wickeln und in die große Box packen, die Zwiebelkonfitüre in die kleine, und schon ist der Ausflugsproviant gut verstaut für den Transport!

Oben auf dem Siegertreppchen

Wenn Ihre Sportsfreunde den Olymp erreicht haben, beim Radfahren als Erste durchs Ziel gekommen sind, beim Fußball das entscheidende Tor geschossen oder beim Tennis den Matchball verwandelt haben, dann können Sie als treuer Fan zur Feier des Tages eine echte Götterspeise kredenzen. Und wenn es mit dem Sieg nicht geklappt hat, mundet die Speise der Götter ebenso gut.

Götterspeise mit Schuss

1 Päckchen grüne Götterspeise
100 ml Wodka

- Götterspeise nach Anleitung zubereiten, jedoch 100 ml Flüssigkeit durch Wodka ersetzen.
- In einen Glaspokal oder eine Schale füllen und mindestens 5 Std. kühlen, bis die Masse ganz fest ist.

TIPP
Auch die Variante »Tequila-Shots« wird gern genommen. Dazu grüne Götterspeise mit Tequila und Wasser (1:1) zubereiten, auf kleine Plastik-Schnapsgläser verteilen und im Kühlschrank erstarren lassen. Zum Anstoßen mit Sahneklecks kredenzen. Das macht richtig Laune! Für Kinder wird der Alkohol durch Apfelsaft ersetzt.

VERPACKUNGSIDEE
Mit Zuckerschrift können Sie den Namen des Siegers auf die Götterspeise schreiben, das macht sich sehr gut. Dann den Pokal/die Schale in Cellophanfolie einschlagen und mit einem bunten Pfeifenputzer zubinden.

Jubiläumsfeier

Geht der befreundete Ruderclub bereits 50 Jahre zu Wasser, feiert Ihr Lieblingsfriseur an der Ecke sein 10-jähriges oder trällert der Chor bereits ein ganzes Jahr in höchsten Tönen? Dann zeigen Sie sich von Ihrer besten Seite und packen Sie Ihre Glückwünsche in Zucker …

Marzipantorte

Für eine 26-cm-Springform

Für den Boden:

125 g	Butter
125 g	Zucker
1	Päckchen Vanillezucker
4	Eier
140 g	geschmolzene Halbbitterkuvertüre, abgekühlt
100 g	gemahlene Mandeln
125 g	Mehl
2 TL	Backpulver
1 Msp.	Salz
⅛ l	Milch
Fett	für die Form

Für die Füllung:

400 g	Crème fraîche
140 g	geschmolzene Halbbitterkuvertüre, abgekühlt

Für den Belag:

200 g	Marzipanrohmasse
150 g	Puderzucker
100 g	Sahne

Für die Dekoration:

100 g Marzipanmasse
Zuckerschrift (Fertigprodukt)
Schokodekorblätter etc.

- Butter, Zucker und Vanillezucker schaumig rühren. Nach und nach Eier, abgekühlte Halbbitterkuvertüre, gemahlene Mandeln, mit Backpulver vermischtes Mehl und Salz dazugeben. Zum Schluss die Milch unterrühren.

- Den Teig in eine gut gefettete Springform geben und bei 180 °C (Umluft 160 °C) 45 bis 50 Min. auf mittlerer Schiene backen.
- Auskühlen lassen und zweimal quer durchschneiden
- Für die Füllung esslöffelweise Crème fraîche unter die abgekühlte Kuvertüre rühren, bis eine dicke Creme entstanden ist.
- Alle 3 Teigplatten mit der Creme bestreichen (auch die oberste!) und aufeinandersetzen.
- Für den Belag Marzipanmasse mit Puderzucker gründlich verkneten, dünn ausrollen und so über die Torte legen, dass auch der seitliche Rand bedeckt ist. Den unteren Marzipanrand evtl. mit einem scharfen Messer gerade schneiden.
- Die Torte je nach Bedarf mit Marzipanfiguren dekorieren. Dazu fertige Marzipanmasse ausrollen, Figuren mit Metallformen ausstechen oder nach aufgelegten Papierformen ausschneiden.

TIPP

Mit Zuckerschrift und Schokodekorblättern oder selbstgeformten Motiven aus Marzipan dem Anlass entsprechend dekorieren und beschriften: zum Beispiel für den Lieblingsfriseur »10 Jahre Schnipp-Schnapp – weiter so!«

VERPACKUNGSIDEE

Stiften Sie zum Jubiläum gleich ein rundes Gläsertablett (preiswert im Verbrauchermarkt), das sich zum Transport und zum Schneiden der Jubiläumstorte bestens eignet.

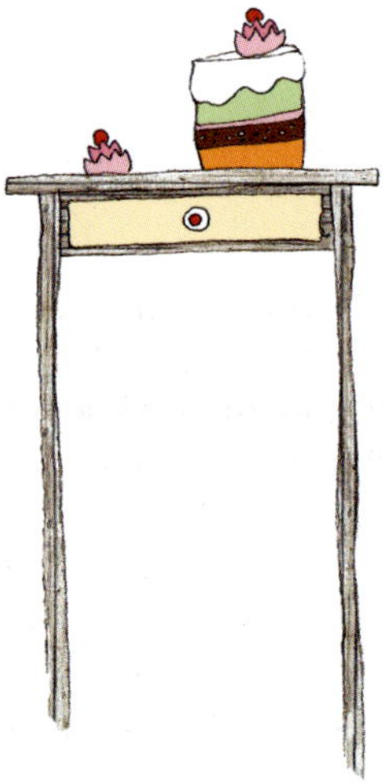

Endlich Ruhestand

Nun ist es soweit – Zeit für alles! Reisen, Hobbys, Fotos ordnen, Freunde besuchen, Keller aufräumen und die Briefmarkensammlung sortieren. Warten Sie an diesem Tag mit dem Klassiker für gemütliche Stunden auf, damit der frischgebackene Pensionär nicht in den Rentnerstress gerät.

Eierlikör

Ergibt etwa ½ l Eierlikör (20 %)

300 g	Dosenmilch (7,5 %)
3	Eigelb
2	Eier
250 g	Zucker
	Mark von 1 Vanilleschote
⅛ l	reiner Alkohol (aus der Apotheke)
1 EL	Rum (54 %)

- Dosenmilch, Eigelb, Eier, Zucker und das Mark einer Vanilleschote 10 Min. im Mixer oder der Küchenmaschine gut aufschlagen.
- Reinen Alkohol und Rum unter ständigem Mixen oder Rühren langsam dazugeben.
- Den abgekühlten Eierlikör in eine ausgekochte und abgetropfte Glasflasche füllen und fest verschließen.

TIPP

Sie können den Eierlikör auch mit 300 g Sahne anstelle von Dosenmilch zubereiten. Er sollte dann aber im Kühlschrank aufbewahrt werden.

VERPACKUNGSIDEE

Suchen Sie für den edlen Inhalt eine hübsche Flasche mit Korken. Sie finden die dekorativsten oft in Drogerien (etwa Badesalzgläser). Glasflaschen vor dem Einfüllen des Eierlikörs gut auskochen. Korken einige Minuten in heißes Wasser legen und fest in den Flaschenhals hineinklopfen, bis er nur noch 5 mm übersteht. Farbiges Kerzenwachs (von durchgefärbten Kerzen) in einem schmalen Gefäß im Wasserbad zum Schmelzen bringen. Die Flasche über Kopf eintauchen, sodass Korken und ein Teil des Flaschenhalses bedeckt sind. Vorgang einige Male wiederholen und zwischendurch erstarren lassen.

Pastete

Dankeschön

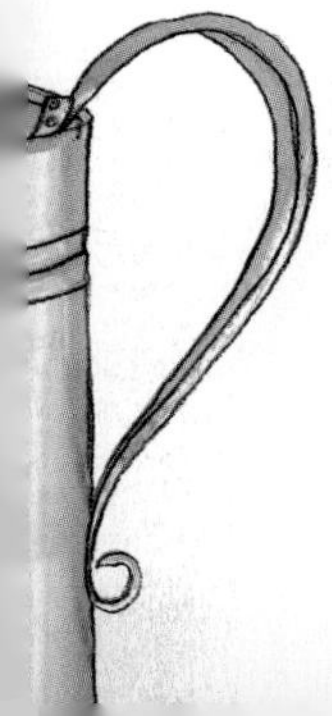

Blumen gegossen

Gut, dass Ihre Freundin einen grünen Daumen hat und die Zimmer- und Balkonpflanzen gießt, während Sie entspannt am Sandstrand liegen! Dafür gebührt ihr ein leckeres Dankeschön, das die Freundschaft nachhaltig pflegt, denn auch in den nächsten Ferien brauchen die Pflänzchen wieder Wasser …

Rote Grütze mit Pistazien

Ergibt 6 bis 8 Portionen

je 250 g Himbeeren, Johannisbeeren und Sauerkirschen
100 g Zucker
1 l Wasser
70 g Speisestärke

Für die Dekoration:
2 EL Pistazien, gehackt

- Himbeeren, Johannisbeeren und Kirschen in kaltem Wasser waschen, entstielen und entsteinen.
- Früchte mit Zucker und Wasser in einem Topf etwa 10 Min. bei milder Hitze kochen. Das Obst durch ein Sieb streichen (einige Früchte aufheben und beiseite stellen). Den Fruchtsaft nochmals aufkochen.
- Speisestärke mit kaltem Wasser in einer kleinen Schüssel verquirlen. In den Saft einrühren und einmal aufkochen lassen. Die restlichen Früchte unterheben.
- In eine mit kaltem Wasser ausgespülte Glasschale füllen und ganz fest werden lassen.
- Zum Schluss mit den gehackten Pistazien dekorieren.

VERPACKUNGSIDEE
Verpacken Sie die Glasschüssel in einer Pappschachtel und binden Sie kunterbunte Plastiklöffel in die Schleife.

Baby gesittet

Endlich einmal wieder ein stressfreier Kinobesuch ohne Kind! Zum Dank für den wunderbaren Abend freut sich der geduldige Babysitter sicher über ein süßes Aufputschmittel aus Schokolade.

Cappuccinokonfekt

Ergibt etwa 35 Stück

300 g dunkle Schokolade (mind. 70 %), zerkleinert
40 g Butter
40 g Kokosfett
100 ml Sahne
30 g Cappuccinopulver

farbige Pralinenkapseln aus Aluminium (erhältlich im gut sortierten Haushaltswarenhandel)

- Schokolade, Butter, Fett und Sahne im Wasserbad (s. S. 105) schmelzen. Cappuccinopulver untermischen und die flüssige Schokomasse in eine Rührschüssel füllen. Masse so lange kühl stellen, bis sie fast fest ist.
- Mit der Küchenmaschine auf höchster Stufe aufschlagen, bis eine luftige Creme entsteht. In Spritzbeutel mit Sterntülle füllen und kleine Mengen in die Pralinenkapseln spritzen. Bis zum Verbrauch kühl stellen.

TIPP

Versuchen Sie auch gewürzte Bitterschokolade, zum Beispiel mit Ingwer oder Chili. Das schmeckt besonders scharf!

VERPACKUNGSIDEE

Konfekt in einen dekorativen Kaffeebecher oder in Caffè-Latte-Gläser füllen und mit Folie verpacken. Schleife drum, fertig!

Kisten geschleppt

Geschafft! Die Bücherkisten sind im 3. Stock, Waschmaschine und Klavier stehen bereits da, wo sie hingehören, und Ihre Möbelpackerfreunde klopfen sich gegenseitig auf die Schulter. Jetzt können Sie sich mit einem bodenständigen Klassiker revanchieren, der bereits tags zuvor zubereitet werden kann.

Kartoffelsuppe

Ergibt 4 Portionen

500 g	Kartoffeln
3	große Karotten
30 g	Butter
1	große Zwiebel, gehackt
1 Bd.	glatte Petersilie, gehackt
2 l	gute Fleisch- oder Hühnerbrühe
	Salz und Pfeffer aus der Mühle
½ l	Sahne
2 Paar	Mettwürstchen

- Kartoffeln und Karotten schälen, waschen und würfeln.
- Butter in einem großen Topf heiß werden lassen und nacheinander Zwiebel, Petersilie, Kartoffeln und Karotten zugeben und jeweils andünsten. Mit der Fleischbrühe ablöschen und etwa 40 Min. köcheln lassen.
- Suppe fein verquirlen, mit Salz und frisch gemahlenem Pfeffer abschmecken, Sahne angießen.
- Mettwürstchen in schräge, etwa 2 cm breite Scheiben schneiden und in der Suppe heiß werden lassen.

TIPP

Die Portionen lassen sich je nach Personenanzahl natürlich durch einfaches Verdoppeln oder Verdreifachen der Zutaten vergrößern.

Notfalltaxi

Er hat Sie zum Arzt gefahren, in der Zwischenzeit die Einkäufe erledigt und auch noch das Päckchen von der Post geholt? Für diesen Dienst verdient der Chauffeur ein süßes Trinkgeld in Form von Kekstalern, die es in sich haben.

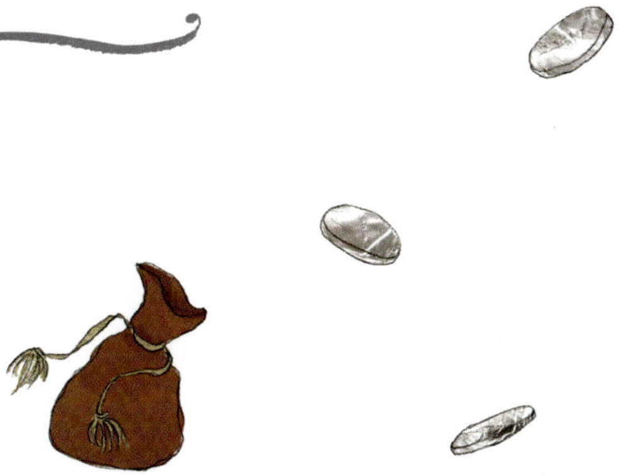

Gewürztaler

Ergibt etwa 30 Stück

200 g	Butter
315 g	Mehl
35 g	Speisestärke
75 g	brauner Zucker
1	Ei
½ TL	Salz
½ TL	Lebkuchengewürz

runde Ausstechförmchen 4½ cm Durchmesser

- Butter zerlassen, Mehl, Speisestärke, Zucker, Ei, Salz und Lebkuchengewürz unterrühren und mit dem Knethaken des Handrührers gut verkneten. Kurz ruhen lassen.
- Teig auf einer bemehlten Fläche etwa ½ cm dick ausrollen und Taler in der Größe von 4½ cm ausstechen.
- Auf ein mit Backpapier ausgelegtes Backblech legen und die Taler mit einer Gabel mehrfach einstechen.
- Taler im vorgeheizten Backofen bei 160 °C (Umluft 140 °C) in etwa 15 bis 20 Min. goldbraun backen.
- Auf einem Kuchengitter auskühlen lassen.

TIPP

Zum Ausstechen der Taler eignen sich auch kleinere Gläser, zum Beispiel Sektgläser, die den vorgeschriebenen Durchmesser haben. Vor dem Ausstechen in Mehl tauchen.

VERPACKUNGSIDEE

Packen Sie die Kekse einzeln in Alufolie ein und stecken Sie sie in einen hübschen Beutel (z. B. kleiner Tabaksbeutel aus Stoff oder Leder). So überreichen Sie stilvoll das »Trinkgeld«.

Pannenhilfe

Hat Ihnen ein sympathischer Zeitgenosse aus der Patsche geholfen? Und das klapprige Fahrrad wieder in Gang gebracht oder die Autoreifen selbst- und kostenlos gewechselt? Dann ist es Zeit für ein Mitbringsel, mit dem Sie »verschärft« Ihren Dank ausdrücken können.

Feurige Kartoffelchips

500 g große Kartoffeln (festkochend)
neutrales Öl zum Frittieren
Meersalz
gemahlener Cayennepfeffer

- Kartoffeln schälen und in der Küchenmaschine oder mit einem Gemüsehobel in dünne Scheiben schneiden.
- Kartoffelscheiben etwa 20 Min. in kaltes Wasser legen, in ein Sieb geben und trocken tupfen.
- Kartoffelscheiben portionsweise ins heiße Fett (180 °C) geben und erst hellbraun, in einem zweiten Frittiergang knusprig braun werden lassen.
- Chips aus dem Fett nehmen und auf Küchenpapier abtropfen lassen.
- Mit Salz und einigen Prisen Cayennepfeffer bestreuen.
- Auskühlen lassen.

VERPACKUNGSIDEE
Füllen Sie die abgekühlten Chips vorsichtig in eine große, transparente Tüte (Cellophantüten im Schreibwarenhandel), Schleife drum, fertig!

Haus gehütet

Einbrecher und böse Geister ferngehalten, Post aus dem Kasten genommen, Blumen gegossen, Kanarienvogel gefüttert und die Zeitungen nach Datum sortiert? Wer in den Genuss von so viel Freundlichkeit kommt, revanchiert sich am besten mit einer besonderen Delikatesse.

Hausmacher-Leberpastete

Ergibt 500 g

- 250 g Gänseschmalz
- 250 g Zwiebeln, gehackt
- 500 g Hühner-, Enten- oder Kalbsleber, grob gehackt
- 1½ TL Salz
- ½ TL schwarzer Pfeffer aus der Mühle
- 2 EL Weinbrand
- 2 EL glatte Petersilie, fein gehackt
- ½ TL abgeriebene ungespritzte Orangenschale
- 1 Knoblauchzehe, fein zerdrückt

Für die Dekoration:

- 2 frische Lorbeerblätter
- 3 kandierte Kirschen

- Vom Gänsefett 150 g in eine tiefe Pfanne geben und die Zwiebeln darin in 15 bis 20 Min. bei milder Hitze anbräunen.
- Die Leber hinzufügen und auf beiden Seiten 1 bis 2 Min. rosa braten. Die Mischung im Mixer oder der Küchenmaschine fein pürieren. Die restlichen Zutaten dazugeben und verrühren.
- Masse in einen Steinguttopf geben und vollständig erkalten lassen. Das restliche Fett kurz erwärmen und die Pastete damit verschließen.
- Kurz bevor der Fettdeckel vollständig gehärtet ist, Lorbeerblätter einstecken und Kirschen leicht eindrücken.

VERPACKUNGSIDEE

Wählen Sie für die Leberpastete einen (farbigen) Topf mit Rand, der ½ l Inhalt fasst. Binden Sie ihn zum Transport mit Pergamentpapier und Bindfaden zünftig zu.

Finderlohn

Endlich ist die verlorene Miezekatze wieder da, die Hausschlüssel hat der Nachbar gefunden, und der vermisste Personalausweis ist auf der Polizeistation abgegeben worden? Dann haben die ehrlichen Finder ein herzliches Dankeschön verdient.

Cantuccini

Ergibt 40 bis 50 Stück

3	Eier
160 g	Zucker
1	Prise Salz
3–4	EL Olivenöl
300 g	Mehl
2 TL	Backpulver
3–4	Tropfen Bittermandelaroma
200 g	ganze Mandeln

- Eier und Zucker schaumig rühren. Salz und Olivenöl zugeben. Gesiebtes Mehl und Backpulver mischen und unter die Eier-Zucker-Mischung rühren. 3 bis 4 Tropfen Bittermandelöl zugeben und die ganzen Mandeln unterheben. Mit bemehlten Händen aus der Masse etwa 3 cm breite, 1 cm hohe Brote formen und auf ein mit Backpapier ausgelegtes Backblech legen.
- In dem auf 180 °C (Umluft 160 °C) vorgeheizten Backofen auf mittlerer Schiene 30 Min. goldbraun backen.
- Heiß mit einem dünnen Messer (z. B. Lachsmesser) in schräge, 1 cm breite Streifen schneiden und mit der breiten Seite nach oben auf das Backblech geben. Etwa 5 Min. »nachrösten«. Cantuccini nochmals umdrehen und weitere 5 Min. im Backofen bräunen lassen, bis sie von allen Seiten knusprig braun gebacken sind.
- Auf einem Kuchengitter auskühlen lassen.

TIPP

Wenn Sie zum Teig noch 200 g erwärmtes Marzipan geben, erhalten die Cantuccini noch mehr Mandelaroma.

VERPACKUNGSIDEE

Verpacken Sie die Cantuccini in einer transparenten Tüte (Cellophantüten im Schreibwarenhandel) und schenken Sie eine Flasche bernsteinfarbenen Vin Santo dazu; das ursprünglich toskanische Gebäck wird gern in ein Gläschen dieses köstlichen Dessertweins getunkt.

Garten gepflegt

Sie haben tatsächlich jemanden gefunden, der Ihre durstigen Lieblinge während des Urlaubs betüttelt, den Rasen mäht und sogar Unkraut jätet? Dann hat das Helferlein ein naturnahes Dankeschön verdient!

Biskuit-Baumstamm

Für den Teig:

- 4 Eiweiß
- 80 g Zucker
- 4 Eigelb
- 60 g Mehl
- 60 g Speisestärke

Für die Füllung:

- 125 g Butter
- 250 g Puderzucker
- 250 g dunkle Kuvertüre
- 2 EL Rum

Zum Bestreuen:

- 50 g geschälte Pistazien, gehackt

- Eiweiß steif schlagen, dabei den Zucker langsam einrieseln lassen. Verquirltes Eigelb unterziehen. Mehl und Speisestärke auf die Masse sieben. Locker unterheben.
- Backblech mit Backpapier belegen, den Biskuitteig aufstreichen und im vorgeheizten Backofen bei 200 °C (Umluft 180 °C) in 8 bis 10 Min. hellgelb backen.
- Ein Küchentuch mit Zucker dünn bestreuen und den Biskuitboden draufstürzen. Backpapier abziehen (falls es sich nicht löst, dünn mit kaltem Wasser bestreichen). Den Boden sofort mithilfe des Küchentuchs einrollen, damit er nicht bricht.
- Für die Füllung Butter und Puderzucker schaumig rühren. Kuvertüre im Wasserbad (s. S. 105) schmelzen und wieder leicht abkühlen lassen. Zusammen mit dem Rum zur Butter-Puderzucker-Masse geben.
- Biskuitboden vorsichtig auseinander rollen, mit einem Drittel der Füllung bestreichen und sofort wieder zusammenrollen.
- Beide Enden der Rolle schräg abschneiden. Die restliche Füllung in einen Spritzbeutel mit Sterntülle füllen und in Längsrichtung Streifen auf die Rolle spritzen. Die abgeschnittenen Endstücke als »Äste« auf die Rolle legen und mit Pistazien bestreuen.

VERPACKUNGSIDEE

Bekleben Sie einen schmalen Schuhkarton mit Deckel außen und innen mit hübschem Geschenkpapier (z. B. mit Pflanzenmotiven). Dazu rühren

Sie Tapetenkleister nach Vorschrift an, bestreichen damit Seite für Seite des Kartons, ziehen das zugeschnittene Papier auf den Karton und streichen es glatt. Die Schachtel über Nacht trocknen lassen. Anderntags legen Sie den Boden mit Frischhaltefolie aus und den Biskuit-Baumstamm hinein, füllen die Lücken mit Seidenpapier aus, damit er beim Transport nicht verrutschen kann, legen den Deckel auf und binden eine Kordel rundherum. Fertig!

Übernachtung gewährt

Wenn Gastgeber ein weiches Bett zwecks Übernachtung inklusive Frühstück stiften, freuen sie sich garantiert über ein raffiniertes Mitbringsel, das den Frühstückstisch am Morgen danach ziert und auch noch wunderbar schmeckt!

Walnussbrotring

Ergibt 2 Stück

400 g	Weizenmehl
100 g	Roggenmehl
10 g	frische Hefe
10 g	Salz
350 ml	Wasser
200 g	Walnusskerne, gehackt

- Mehl mischen und in eine Schüssel geben. Hefe mit den Fingern in das Mehl reiben und untermischen.
- Mit dem Knethaken der Küchenmaschine auf niedriger Stufe zuerst das Salz, dann das Wasser und die Walnüsse zugeben. Auf höchster Stufe etwa 5 Min. kneten, bis ein glatter, elastischer Teig entsteht.
- Teig aus der Schüssel nehmen, auf die leicht bemehlte Arbeitsfläche legen und zu einem Ball formen. Dazu die Ränder rundherum zu Mitte hin falten, mit dem Daumen fest andrücken und den Teig ständig weiterdrehen. Ball umdrehen und die Ränder unter dem Teig einschlagen. Ball in leicht bemehlte Schüssel legen und zugedeckt etwa 1 Std. gehen lassen, bis er sein Volumen verdoppelt hat.
- Teig aus der Schüssel nehmen, auf die bemehlte Arbeitsfläche heben und in zwei Hälften teilen. Jede Hälfte erneut zu einem Ball formen und zugedeckt weitere 5 Min. ruhen lassen.

- Jede Teighälfte nochmals zu einem festen Ball formen und mit bemehlten Händen jeweils ein faustgroßes Loch in die Mitte drücken. Ringe auf ein gefettetes Backblech legen und zugedeckt eine weitere Stunde gehen lassen. Oberfläche mit scharfem Messer rundherum dreimal einschneiden.
- In den vorgeheizten Backofen bei 220 °C 5 Min. backen, Ofenwände zuvor mit Wasser besprühen. Hitze auf 200 °C reduzieren und Brotringe weitere 15 Min. goldbraun backen. Auf einem Gitter abkühlen lassen.

TIPP
Herrlich aromatisch schmecken die Brotringe auch mit einer Mischung aus 150 g Walnüssen und 100 g Datteln.

VERPACKUNGSIDEE
Binden Sie jeweils eine Schleife aus breitem, buntem Geschenkband an die Brotringe. Ein Ring wird zum Frühstück verspeist, der andere zur Dekoration an die Türe gehängt.

Hund und Katze gehütet

Wenn Haustiere bei Freunden übernachten, weil Herrchen und Frauchen allein verreisen, dann haben die Tiersitter ein herzliches Dankeschön verdient! Wie wäre es mit einem witzigen Mitbringsel bei der Abholung der Vierbeiner? Zum Beispiel mit Klassikern aus dem Schlaraffenland: Kalter Hund oder Katzenzungen.

Kalter Hund

Für eine Kastenform von 10 x 25 cm

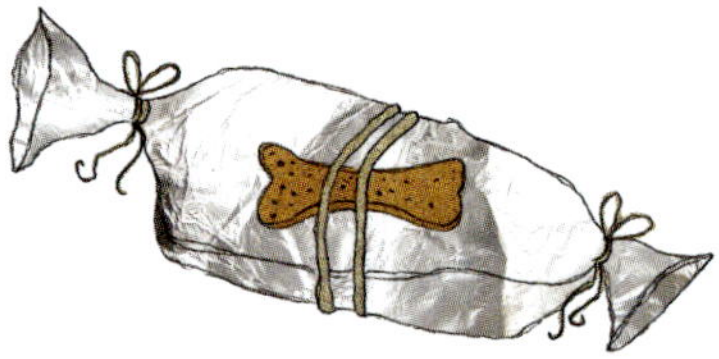

250 g	Kokosfett
2	Eier
1	Prise Salz
150 g	Puderzucker
40 g	Kakao
1 EL	löslicher Kaffee
3 EL	Rum
	abgeriebene Schale von 1 unbehandelten Zitrone
240 g	Butterkekse (24 Stück)

- Kokosfett in einem Topf schmelzen lassen. Eier, Salz und Puderzucker in einer Schüssel schaumig rühren. Kakao und löslichen Kaffee unterrühren. Rum und Zitronenschale dazugeben.
- Kokosfett abkühlen lassen und nach und nach in die Kakaomasse einrühren.
- Kastenform mit einem großen Bogen Pergamentpapier ausschlagen und den Boden mit Kakaomasse bestreichen. Eine Schicht Kekse auflegen, darauf die Kakaomasse aufstreichen und eine weitere Keksschicht aufbringen.
- So fortfahren, bis alle Kekse und die Kakaomasse aufgebraucht sind. Mit einer Schicht Kekse abschließen. In der Form etwa 2 Std. in den Kühlschrank stellen und durchkühlen lassen.
- Auf eine Platte stürzen.

TIPP
Sie können vor Einfüllen der Kakaomasse den Boden der Form mit gehackten Pistazien bestreuen.

VERPACKUNGSIDEE
Verschenken Sie den Kekskuchen dick in Alufolie eingewickelt und verschnüren Sie ihn wie ein Paket. Er lässt sich so am besten transportieren.

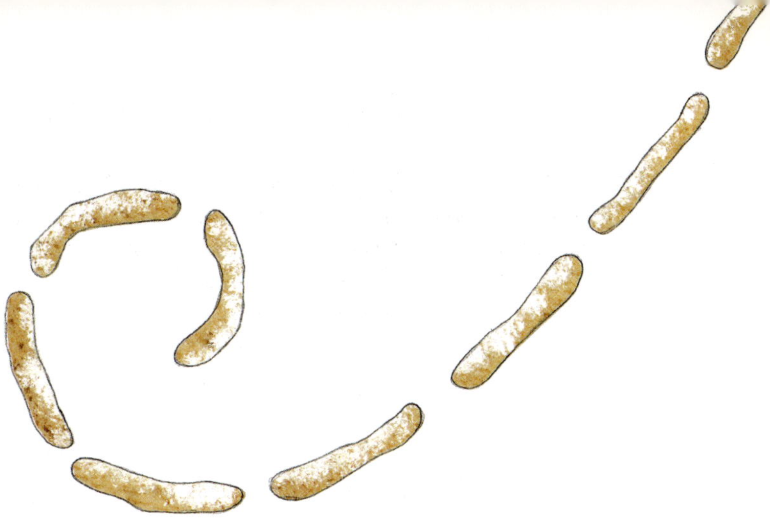

Katzenzungen

Ergibt etwa 50 Stück

5 Eigelb
300 g Zucker
5 Eiweiß
125 g Mehl
Puderzucker zum Bestäuben

- Eigelb und 120 g Zucker im Wasserbad (s. S. 105) mit dem Schneebesen in 3 bis 4 Min. aufschlagen, bis die Creme beginnt, weiß und dickflüssig zu werden.
- Eiweiß zu steifem Schnee schlagen, 180 g Zucker einrieseln lassen. Eigelb, Mehl und 1⁄3 des geschlagenen Eiweiß vermischen. Dann das restliche geschlagene Eiweiß unterheben.
- Die Masse in einen Spritzbeutel mit großer Lochtülle geben und 1⁄2 cm breite und 5 cm lange Streifen in gutem Abstand nebeneinander auf ein mit Backpapier ausgelegtes Backblech geben und bei 180 °C (Umluft 160 °C) in 15 bis 20 Min. goldbraun backen.
- Katzenzungen auskühlen lassen und mit Puderzucker bestreuen.

VERPACKUNGSIDEE

Die zarten Katzenzungen nebeneinander in eine luftdicht zu verschließende Keksdose schichten. Hübsch, wenn Sie noch ein Katzenfoto (aus dem Internet) auf den Deckel kleben, und schon ist das Mitbringsel fertig!

Einkaufsliste
- Risottoreis
- Sesamöl
- Limette (1x)
- Mango
10. August
BRUNCH BEI
Emma & Tom
ab 11.30 Uhr
5 EL Amaretto
100g Ricotta
50g Amarettini-Kekse
Spanische Pflaumen im Speckmantel
Müttertreff
(Knusper-Nuss-Müsli)
Haferflocken, Mandelblättchen, Walnüsse, Kokosfl., Zimt
Honig
+ Walnussöl
Honig
Zitronen und Orangen

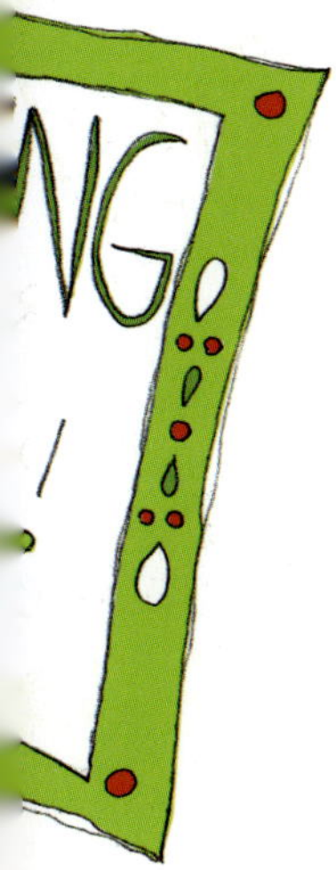

Mitbringsel auf Bestellung

Brunch

Das Wort Brunch bezeichnet eine Mischung aus Frühstück (Breakfast) und Mittagessen (Lunch). Eine Einladung zum Sonntagsbrunch heißt also nichts anderes, als dass Sie mal länger im Bett bleiben können! Besonders, wenn Sie Ihr Mitbringsel, so wie beim Graved Lachs, schon am Vortag zubereiten.

Graved Lachs

1 Seite	Lachs mit Haut (800 g)
160 g	Zucker
100 g	Meersalz
1 EL	Wacholderbeeren, zerstoßen
2	Bund Dill, gehackt
2 EL	weißer Pfeffer, zerstoßen
1	unbehandelte Zitrone, in Scheiben
1	unbehandelte Orange, in Scheiben

Für die Sauce:

1	Bund Dill, gehackt
30 g	Zucker
2	Eigelb
2 EL	Zitronensaft
6 TL	körniger Senf
6 TL	flüssiger Honig
2 EL	Sahne
	Salz, Pfeffer

- Lachs abspülen, trocken tupfen und letzte Gräten mit der Pinzette entfernen. Lachs mit der Haut nach unten auf ein großes Stück Frischhaltefolie legen.
- Zucker, Salz, Wacholderbeeren, Dill und Pfeffer mischen und auf dem Lachs verteilen. Mit Zitronen- und Orangenscheiben bedecken und fest in Frischhaltefolie einwickeln.
- 1 Tag im Kühlschrank beizen, dabei mehrmals wenden.
- Zitronen- und Orangenscheiben und Kräuter entfernen. Lachs vorsichtig abtupfen, mit dem Lachsmesser in dünne Scheiben schneiden und auf einer Platte anrichten.
- Für die Sauce alle Zutaten zu einer cremigen Masse verrühren, mit Salz und Pfeffer abschmecken. Sauce in ein hübsches Schraubglas füllen und kühl stellen.

VERPACKUNGSIDEE

Spannen Sie Frischhaltefolie über die Fischplatte und drapieren Sie ein Stück Fischernetz (Dekobedarf) und ein paar Fische und Seesterne aus Plastik darüber. Sie können auch ein einfaches Einkaufsnetz aus Plastik nehmen.

Kaffeeklatsch

»Habt ihr schon gehört?, Wisst ihr schon das Neueste?, Könnt ihr euch das vorstellen?« Wer sich mit den Freundinnen zum Klatsch und Tratsch trifft, muss nicht nur eine neue Story liefern, sondern auch etwas Süßes beisteuern. Mit diesen Muffins sorgen Sie ganz bestimmt für leckeren Gesprächsstoff.

Beeren-Muffins im Blumentopf

Ergibt 6 bis 8 Stück

200 g	Mehl
1 ½ TL	Backpulver
150 g	Zucker
1 TL	Zimt
1	Ei
200 g	saure Sahne
60 g	weiche Butter
100 g	gemischte Beeren (Heidelbeeren, Brombeeren, Johannisbeeren)
6–8	Mini-Blumentöpfe aus Ton (4–6 cm Durchmesser)

- Mehl, Backpulver, Zucker und Zimt in einer Schüssel mischen.
- Ei mit saurer Sahne und Butter in einer zweiten Schüssel mit dem Schneebesen verrühren und anschließend unter die Mehlmischung heben. Beeren dazugeben und vorsichtig unterheben.
- Den Teig in die mit Backpapier ausgelegten Blumentöpfe füllen und im vorgeheizten Backofen bei 180 °C (Umluft 160 °C) in 30 bis 40 Min. goldbraun backen.

TIPP

Tiefgefrorene Beerenmischungen eignen sich ebenfalls zum Backen. Beeren im gefrorenen Zustand unter den Teig heben.

VERPACKUNGSIDEE

Stellen Sie die Blumentopf-Muffins in eine Steige für Pflanztöpfe aus dem Blumenladen oder Baumarkt.

Bottleparty

Klar, dass auf einer Bottleparty das Essen nicht an erster Stelle steht, aber gerade Kleinigkeiten wie die Chili-Zigarren sind natürlich willkommen. Obendrein hat diese scharfe Sorte den Vorteil, dass sie kaum qualmt und zu jedem Mixgetränk passt.

Chili-Zigarren

Ergibt etwa 24 Stück

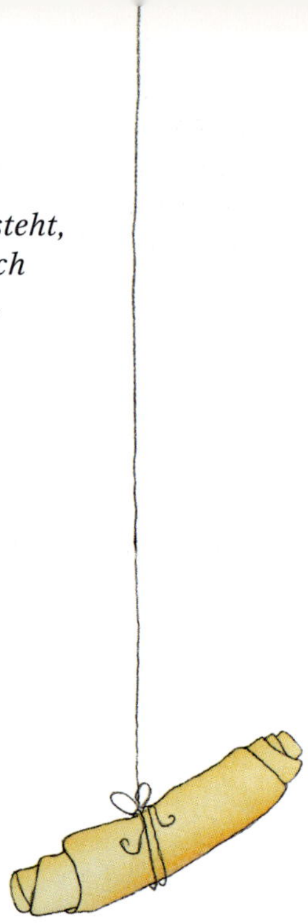

- 1 EL Olivenöl
- 250 g Rinderhack
- Salz und Pfeffer
- 1 Zwiebel, gewürfelt
- 100 g Möhren, gewürfelt
- 100 g Knollensellerie, gewürfelt
- 1 Dose (212 ml) Mais, abgetropft
- ½ EL Chili, geschrotet
- 2 EL Tomatenmark
- 1 EL Minzblätter, gehackt
- 24 dreieckige Yufka-Teigblätter (türkischer Supermarkt)
- Öl zum Bestreichen

- Öl in einer Pfanne erhitzen. Hackfleisch anbraten, mit Salz und Pfeffer würzen.
- Zwiebeln, Möhren, Sellerie und Mais zugeben und etwa 5 Min. mitbraten. Chiliflocken und Tomatenmark einrühren, nochmals mit Salz und Pfeffer abschmecken. Zum Schluss Minzblätter unterrühren.
- Jeweils 1 EL Hackfleischmasse auf die halbrunde Seite eines Teigblattes geben, an den Seiten einschlagen und zur Spitze hin zu »Zigarren« aufrollen. Spitze mit Wasser befeuchten und Teigrolle schließen.
- Teigrollen mit dem Pinsel leicht mit Öl bestreichen, auf ein gefettetes Backblech legen und im vorgeheizten Backofen bei 200 °C (Umluft 180 °C) 15 bis 18 Min. goldgelb backen.

TIPP

Im original türkischen Rezept besteht die Füllung aus zerdrücktem türkischem Schafskäse, gemischt mit gehackter glatter Petersilie und etwas Minze. Auch sehr lecker!

VERPACKUNGSIDEE

Legen Sie die Röllchen in eine passende, sehr gut ausgelüftete Zigarrenkiste, die Sie mit buntem Seiden- oder Pergamentpapier ausgelegt haben, und bieten Sie auf der Party Ihren Freunden mal was Scharfes an!

Tupperware-Party

Der Knaller auf der nächsten Tupperware-Party: ein Dessert, das nicht nur alle in die richtige Shoppinglaune versetzt, sondern auch noch im Modell »Tafelperle« besonders passend daher kommt!

Erdbeer-Tiramisu

750 g Erdbeeren
250 g Mascarpone
500 g Magerquark
3 EL Amaretto
3 EL Zucker
200 g Sahne
200 g Löffelbiskuit

- Erdbeeren putzen und halbieren. 5 bis 6 Erdbeerhälften zur Seite stellen.
- Mascarpone, Quark, Amaretto und Zucker glatt rühren. Sahne steif schlagen und unter die Quarkmasse heben.
- Eine Tupperschüssel, zum Beispiel »Tafelperle« (Inhalt 3 bis 4 Liter), mit flachem Boden mit der Hälfte der Löffelbiskuits auslegen und schichtweise mit Quarkcreme, Erdbeerhälften und wieder Quarkcreme füllen. Vorgang wiederholen und mit der übrigen Quarkcreme abschließen.
- Tiramisu mind. 2 Std. kühl stellen und vor dem Transport mit den übrigen Erdbeerhälften dekorieren.

TIPP

Sie können das Tiramisu auch mit Roten Johannisbeeren oder Brombeeren zubereiten. Für Kaffeegeschmack einfach 50 ml kalten Espresso unter die Quarkcreme rühren.

Weinprobe

Einladung zur Weinverkostung? Dann sollten Sie unbedingt eine kleine Köstlichkeit zum Knabbern mitbringen, sonst gibt es schnell wacklige Knie. Keine Sorge, an diesen Brotstangen können sich alle eine Weile festhalten!

Rustikale Grissini

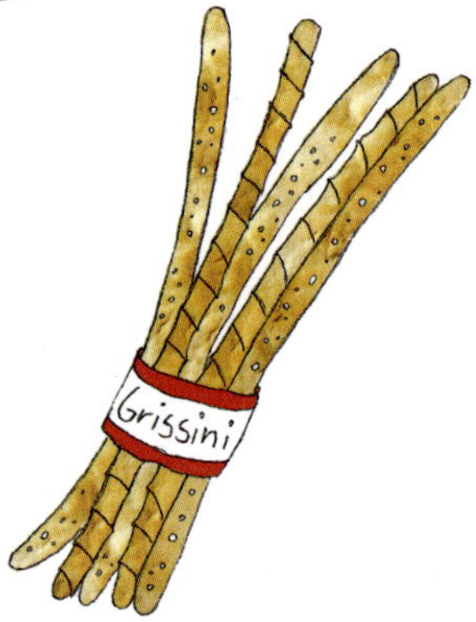

Ergibt 20 bis 30 Stück

½	Würfel Hefe (20 g)
15 g	Honig
300 ml	lauwarmes Wasser
250 g	Mehl
250 g	Grieß
15 g	Salz
Mehl	zum Bestäuben

- Hefe und Honig in der Hälfte des Wassers auflösen.
- Mehl, Grieß und Salz in eine Schüssel geben, in der Mitte mit einem Löffel eine Mulde bilden, Hefemischung hinein gießen und mit dem Knethaken langsam verrühren. Das restliche Wasser nach und nach hinzugeben und alles zu einem geschmeidigen Teig kneten.
- Teig zu einer Kugel formen, mit dem Messer leicht einritzen und zugedeckt an einem warmen Ort etwa 1 Std. gehen lassen, bis sich das Volumen verdoppelt hat.
- Teig mit den Händen gut durchkneten, damit die Luft entweichen kann, und zu einer dünnen, etwa 30 cm langen und 1 cm dicken Platte ausrollen. Die Oberseite mit Mehl bestäuben und mit einem Messer oder Teigrädchen in 1 cm breite Streifen schneiden. Streifen auf ein gefettetes und mit Mehl bestäubtes Backblech legen, 30 Min. gehen lassen und anschließend im vorgeheizten Backofen bei 200 °C (Umluft 180 °C) etwa 10 Min. backen. Je nach Größe die Grissini auf zwei Backbleche verteilen.

TIPP
Damit die Grissini richtig rustikal aussehen, sollten Sie die Teigstreifen unregelmäßig auf das Backblech legen. Mal krumm, mal verdreht.
Aus diesem Teig können Sie auch wunderbare Ciabatta-Brote zaubern. Einfach 1 bis 2 längliche Brote formen, flachdrücken und bei 225 °C etwa 25 Min. backen. Vor dem Backen 30 bis 40 Min. auf dem Backblech gehen lassen.

VERPACKUNGSIDEE

Stecken Sie die Grissini in eine Geschenktüte aus Packpapier. So können Sie die Knabbereien gleich auf den Tisch stellen.

Festliches Buffet

Wenn Sie mit einem festlichen Mitbringsel so richtig Eindruck schinden wollen, bereiten Sie eine Delikatesse aus frischem Wildbret zu. Der Geschmack ist unübertroffen. Oder wagen Sie sich an elegante Ravioli, die Ihnen Koch-Lorbeeren einbringen werden!

Fasanenterrine

Für eine 3-l-Terrinenform mit Deckel (etwa 15 Portionen)

Für die Pastete:

2 große Fasane, küchenfertig
250 g geräucherter Speck, in feinen Scheiben
500 g ausgelöste Schweineschulter
300 g rohes Bratwurstbrät
je ½ TL gemahlener Zimt, schwarzer Pfeffer, Nelken, Muskatnuss, Piment
20 g Salz
2 EL Obstbrand
5 Eier, verquirlt
2 EL Schnittlauchröllchen
100 g Mandeln, abgezogen
150 g Dörrpflaumen, entsteint
150 g getrocknete Aprikosen

Für die Dekoration:
frische Lorbeerblätter
Wacholderbeeren
abgezogene Mandeln, halbiert

- Fasane von allen Knochen befreien, die Haut aufheben. Speck in feine Streifen schneiden. Schweine- und Fasanenfleisch durch die grobe Scheibe des Fleischwolfs drehen.
- Mit Brät, Gewürzen, Obstbrand, Eiern und Schnittlauch gleichmäßig vermengen und über Nacht im Kühlschrank marinieren lassen.

- Anderntags Mandeln in einer kleinen Pfanne unter Rühren anrösten (ohne Fett). Pflaumen und Aprikosen halbieren und mit den Mandeln mischen. Beiseite stellen.
- Boden einer hübschen Terrinenform mit einigen Fruchtstücken und Speckstreifen auslegen. Abwechselnd Fleischfarce, Speckstreifen, Früchte und Mandeln einfüllen.
- Die Oberfläche der Terrine mit der Fasanenhaut abdecken und sorgfältig an den Rändern einschlagen.
- Ofen auf 150 °C (Umluft 130 °C) vorheizen. In einem großen, offenen Bräter Wasser für das Wasserbad erhitzen.
- Terrine in den Bräter stellen und beides in den vorgeheizten Backofen schieben. Das Wasser sollte 2 cm unterhalb des Terrinenrandes enden. Im Ofen in 1 ½ Std. garen. Die fertige Terrine herausnehmen und in Eiswasser abkühlen.
- Dekorieren Sie die Terrine mit frischen Lorbeerblättern, Wacholderbeeren und geschälten Mandeln.
- Mit Frischhaltefolie abdecken und bis zum Verschenken 2 bis 3 Tage durchziehen lassen.

VERPACKUNGSIDEE

Zum Verschenken Frischhaltefolie entfernen und Terrinendeckel aufsetzen. Mit dickem Bindfaden verschnüren und eine Fasanenfeder (aus dem Bastelbedarf) durch den Knoten stecken.

Ravioli mit Foie gras und Steinpilzen gefüllt

Ergibt 8 Stück

Für den Teig:

300 g	Mehl
3	Eier
1 Msp.	Salz
3 EL	Olivenöl

etwas Mehl zum Verkneten und Bestäuben

Für die Füllung:

400 g	junge Steinpilze, gesäubert
2 El	Olivenöl
4	Schalotten, gehackt
80 g	Serrano-Schinken, in kleinen Stücken
3 EL	Crème fraîche
	Salz und Pfeffer
2 EL	glatte Petersilie, fein geschnitten
400 g	Foie gras (Gänsestopfleber)

- Alle Teigzutaten miteinander vermischen und zu einem elastischen Teig kneten, der nicht mehr an den Fingern klebt. Teig in Haushaltsfolie wickeln und im Kühlschrank etwa 1 Std. ruhen lassen.

- Für die Füllung die gehackten Pilze 1 Min. im Salzwasser blanchieren, abgießen und abtropfen lassen. Klein hacken.
- Olivenöl in einer Pfanne erhitzen und die Steinpilze kurz anbraten. Schalotten und Schinkenstückchen dazugeben. Anbräunen lassen. Crème fraîche zugeben und etwa 15 Min. bei milder Hitze köcheln lassen. Salzen, pfeffern und die Petersilie darübergeben. Abkühlen lassen.
- Teig dünn auf Mehl ausrollen und in 16 Quadrate, Seitenlänge 15 cm, teilen. Stücke mit Mehl bestäuben und etwa 15 Min. trocknen lassen.
- Foie gras in 8 Scheiben von 1 cm Dicke teilen. Auf beiden Seiten salzen und pfeffern.
- Für die Ravioli jeweils 1 EL Steinpilz-Schinken-Füllung auf die Teigplatte geben und eine Scheibe Foie gras auflegen. Die Seitenteile rund um die Füllung mit Wasser benetzen, eine zweite Teigplatte auflegen und zusammenpressen. Alle anderen Teigplatten ebenfalls füllen und zusammenpressen, bis die Füllung verbraucht ist.
- Die fertigen Ravioli leicht mit Mehl bestäuben und bis zum Verschenken kühl aufbewahren.

TIPP
Die Ravioli können Sie vorbereiten. Sie halten sich 2 Tage im Kühlschrank frisch.

VERPACKUNGSIDEE
Ravioli auf einem Silberteller arrangieren und mit Cellophanfolie und Geschenkband verpacken.

Müttertreff

Wenn junge Mütter sich mit ihren Kleinsten zum fröhlichen Frühstück und »Schläft-deiner-schon-durch?«-Plausch treffen, ist Gesundes angesagt. Mit diesem Müsli liegen Sie voll im Trend.

Knusper-Nuss-Müsli

350 g Haferflocken
100 g Mandelblättchen
40 g Walnüsse, gehackt
40 g Haselnüsse, gehackt
30 g Kokosflocken
1 EL Zimt
150 g Honig, flüssig
4 EL Walnussöl

- Alle Zutaten mischen und auf ein mit Backpapier ausgelegtes Backblech streichen.
- Im vorgeheizten Backofen bei 170 °C (Umluft 150 °C) auf mittlerer Schiene etwa 20 Min. knusprig backen. Das Blech zwischendurch einmal aus dem Ofen nehmen und Müsli mit einem Kochlöffel durchmischen, damit es gleichmäßig knusprig wird.
- Müslimischung abkühlen lassen.

TIPP
Nach Wunsch können Sie diese Mischung (nach dem Backen) durch kleingehacktes Trockenobst, wie zum Beispiel Äpfel oder Aprikosen, ergänzen.

VERPACKUNGSIDEE
Füllen Sie das Knuspermüsli in große Apothekengläser mit Glasdeckel, darin bleibt es lange knusprig.

Fußballabend

Wenn die Freunde das Endspiel live am Bildschirm verfolgen, brauchen sie etwas Handfestes zwischen den Zähnen. Elf Brezeln für die Spielerbetreuer und die zwölfte für den Fan sind der beste Pausenfüller.

Laugenbrezeln

Ergibt 12 Stück

150 ml	warmes Wasser
150 ml	warme Milch
10 g	Hefe, zerbröckelt
1 El	Honig
350 g	Weizenmehl
150 g	Dinkelmehl
2 TL	Salz
2 EL	weiche Butter

Für die Lauge:

1 l	Wasser
1 EL	Salz
6 EL	Natron

grobkörniges Salz, zum Bestreuen
Kaffeesahne zum Bestreichen

- Wasser und Milch mischen. Hefe und Honig in der Hälfte des Milchwassers auflösen.
- Mehl und Salz in einer Schüssel mischen, mit dem Löffel eine Mulde formen und Hefemischung hineingießen. Butter zugeben und mit dem Knethaken zu einem weichen, glatten Teig kneten. Zugedeckt an einem warmen Ort etwa 1 Std. gehen lassen, bis sich das Volumen verdoppelt hat.
- Teig mit den Händen kurz durchkneten, damit die Luft entweichen kann, und in 12 Portionen teilen. Teigstücke jeweils zu einer 40 cm langen Rolle drehen, die Teigenden ineinander verschlingen und über die Schlaufe legen. Die Brezeln auf ein mit Backpapier ausgelegtes Backblech legen und nochmals 15 Min. aufgehen lassen.
- Für die Lauge Wasser mit Salz und Natron in einem Edelstahltopf aufkochen, vom Feuer nehmen. Aufgegangene Brezeln einzeln mit einer Schaumkelle kurz in die heiße Lauge tauchen, abtropfen lassen und wieder auf das Blech legen. Nach Geschmack mit grobkörnigem Salz bestreuen und im vorgeheizten Backofen bei 200 °C (Umluft 180 °C) 20 bis 25 Min. backen.
- Nach dem Backen die heißen Brezeln mit der Kaffeesahne bestreichen, damit sie schön glänzen.

VERPACKUNGSIDEE

Fädeln Sie die Brezeln auf rotes Geschenkbank auf.

Kartenabend

Bei Doppelkopf, Skat oder Poker sind scharfsinnige Strategen gefragt. Unterstützen Sie die Runde mit diesem feurigen Knabberspaß und spielen Sie damit Ihr kulinarisches Ass aus!

Scharfe Mandeln

2 EL	grobes Meersalz
½ EL	Paprikapulver, edelsüß oder scharf
500 g	Mandeln
1–2 EL	Olivenöl

- Salz mit Paprika im Mörser zu feinem Pulver zerstoßen.
- Mandeln in einem Topf mit kochendem Wasser übergießen und einige Minuten ziehen lassen, bis sich die Haut sichtbar löst. Wasser abgießen, Mandeln trocken tupfen und mit den Fingern aus der Haut herausdrücken, mit Küchenpapier trocknen.
- Geschälte Mandeln auf ein mit Backpapier ausgelegtes Backblech verteilen und im vorgeheizten Backofen bei 200 °C 8 bis 10 Min. rösten, dabei mehrmals wenden.
- Mandeln sofort in eine feuerfeste Form füllen und gleichmäßig mit Olivenöl beträufeln. Würzmischung über die Mandeln geben und gründlich mischen.

VERPACKUNGSIDEE

Mandeln in der Tüte: Schneiden Sie aus hübschem Geschenkpapier mehrere quadratische Stücke (15 x 15 cm). Legen Sie je ein Quadrat mit einer Ecke nach unten vor sich auf den Tisch und kleben Sie die beiden Seiten so übereinander, dass eine kleine Tüte entsteht, wie man sie vom Jahrmarkt für gebrannte Mandeln kennt. Mandeln in die Tütchen füllen und obere Ecke einschlagen.

Hausfest

Wollen Sie in Ihrer Hausgemeinschaft für gute Stimmung sorgen?
Zaubern Sie ein Mitbringsel der Sonderklasse,
das Stück für Stück die Nachbarn zu Freunden macht.

Quiche mit Ziegenkäse und Minze

Für eine Tarteform von 26 cm (ergibt 12 Stück)

Für den Mürbeteig:

170 g	Mehl
80 g	Speisestärke
½ TL	Salz
1 TL	Zucker
180 g	Butter, gewürfelt
1	Eigelb
2 EL	kaltes Wasser
1 EL	Balsamico-Essig

Für die Füllung:

100 g	Haselnüsse
2–3	Scheiben Ziegenrolle (250 g)
1–2 EL	gehackte Minzblätter
4	Eier
20 g	Mehl
200 ml	Milch
200 ml	Sahne
1 Prise	gemahlene Muskatnuss
	Salz und Pfeffer

- Mehl, Stärke, Salz und Zucker in einer Schüssel mischen. Butter unterkneten, Eigelb, Wasser und Essig dazugeben und schnell zu einem glatten Teig verarbeiten. Teig zu einer Kugel formen, in Alufolie wickeln und mind. 3 Std. kühl stellen.
- Teig ½ cm dick ausrollen und in die gefettete Tarteform aus Porzellan legen, Rand etwa 3 cm hochziehen und andrücken. Boden mit der Gabel einstechen, nochmals 30 Min. kühlen.
- Haselnüsse auf einem mit Backpapier ausgelegten Backblech im vorgeheizten Backofen bei 180 °C (Umluft 160 °C) auf oberster Schiene etwa 10 Min. rösten. Nüsse abkühlen lassen und zwischen den Handflächen reiben, damit sich die Schale ablöst. Nüsse mit einem großen Messer grob hacken und die Hälfte auf den gekühlten Teigboden geben.
- Ziegenkäsescheiben jeweils in 8 kleine Tortenstücke zerschneiden und gleichmäßig über die Nüsse verteilen, Minze darüber streuen und mit den restlichen Nüssen bedecken.
- 2 Eier und Mehl mit dem Schneebesen zu einer glatten Masse verrühren. Übrige Eier unter Rühren hinzufügen. Milch und Sahne zugeben, mit Muskat, Salz und Pfeffer würzen und kräftig verrühren. Eiermasse über Käse und Nüsse in die Tarteform gießen und Quiche im vorgeheizten Backofen bei 200 °C (Umluft 180 °C) etwa 45 Min. backen. Tarte in der Form auf dem Kuchengitter abkühlen lassen und in Stücke schneiden.

VERPACKUNGSIDEE
Die Tarteform mit Cellophanfolie (gibt es auch farbig) verpacken und an die Schleife ein kleines Sträußchen frische Minze binden.

Diaabend

Au weia, eine Einladung zum Diaabend! Da müssen Sie die Rundfahrt Ihrer Freunde durch die spanischen Wallfahrtsorte bewundern oder den Abenteuerurlaub in Rimini goutieren. Damit dieser Abend trotzdem ein voller Erfolg wird, sollten Sie passende Urlaubsknabbereien mitbringen!

Spanische Pflaumen im Speckmantel

Ergibt 20 Stück

- 20 Dörrpflaumen, entsteint
- 5 EL Sherry
- 10 Scheiben Bacon
- 20 Zahnstocher

- Dörrpflaumen mit Sherry übergießen und zugedeckt mind. 2 Std. marinieren, ab und zu umrühren.
- Baconscheiben der Breite nach halbieren und je eine Pflaume mit einer halben Scheibe Bacon einwickeln. Nebeneinander in eine feuerfeste Form schichten und im vorgeheizten Backofen bei 200 °C (Umluft 180 °C) 15 bis 20 Min. knusprig backen.
- Pflaumen abkühlen lassen, auf Zahnstocher aufspießen und in einer kleinen Antipasti- oder Auflaufform aus Porzellan anrichten.

VERPACKUNGSIDEE
Stecken Sie kleine Fähnchen mit der spanischen Flagge in die Pflaumen und bringen Sie noch eine Flasche guten Sherry dazu mit.

Italienische Pizzaschnecken

Ergibt etwa 20 Stück

Für den Teig:

½	Würfel frische Hefe (20 g)
1 TL	Zucker
300 ml	lauwarmes Wasser
500 g	Mehl
1 TL	Salz
1 EL	Olivenöl

Für den Belag:

4	Tomaten, entkernt, klein gewürfelt
½	Chilischote, entkernt, gehackt
1	Knoblauchzehe, zerdrückt
3 EL	frische Oreganoblätter
1 EL	Rotweinessig

- Hefe und Zucker in der Hälfte des Wassers auflösen.
- Mehl und Salz in eine Schüssel geben, in der Mitte mit einem Löffel eine Mulde bilden, Hefemischung hineingießen und mit dem Knethaken langsam verrühren. Das restliche Wasser nach und nach hinzugeben und zu einem geschmeidigen Teig kneten.
- Teig zu einer Kugel formen, mit dem Messer leicht einritzen und zugedeckt etwa 1 Std. gehen lassen, bis sich das Volumen verdoppelt hat.
- Teig mit den Händen gut durchkneten, damit die Luft entweichen kann, und zu einer etwa ½ cm dicken, rechteckigen Platte ausrollen (30 x 40 cm).
- Für den Belag Tomatenwürfel, Chili, Knoblauch und Oregano mischen, mit Essig beträufeln und auf der Teigplatte verteilen, dabei rundum einen Rand von 1 bis 2 cm freilassen.
- Teigplatte von der Längsseite aufrollen, in 1 cm breite Scheiben schneiden und Schnecken mit der Schnittkante auf ein mit Backpapier ausgelegtes Backblech legen. Nochmals 10 Min. gehen lassen und anschließend im vorgeheizten Backofen bei 220 °C (Umluft 200 °C) 15 bis 20 Min. backen.

TIPP

Fruchtiger werden die Pizzaschnecken mit klein gewürfelten Ananasstücken und gekochtem Schinken. Und falls keine Tomaten im Haus sind, streichen Sie einfach ein Glas Pesto auf die Teigplatte und rollen Sie sie zu Pestoschnecken auf.

VERPACKUNGSIDEE

Pizzaschnecken in eine saubere Keksdose schichten, Deckel drauf, Kordel drum, fertig!

Grillparty

Sommerzeit ist Grillzeit! An den Wochenenden steigen herzhafte Düfte aus Gärten, Hinterhöfen und Lauben in die Lüfte. Ob Grillgut, Beilage oder Dessert – hier finden Sie das richtige Mitbringsel für die Grillparty.

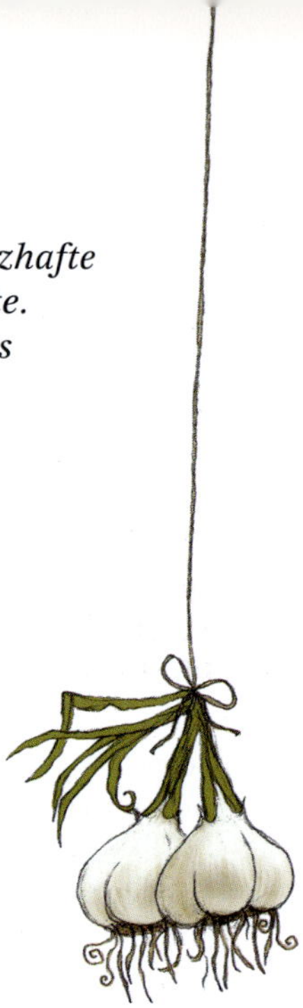

Maispäckchen

Ergibt etwa 20 Stück

20	frische große Maiskolbenblätter
1	Zwiebel, fein gehackt
2	Knoblauchzehen, zerdrückt
1 EL	Maiskeimöl
½ l	Hühnerbrühe
½ l	Milch
200 g	grobes Maismehl
2	rote Chilischoten, entkernt, fein gehackt
4 EL	Sonnenblumenkerne, geröstet
	Öl zum Bestreichen
	Küchengarn

- Maiskolbenblätter 1 bis 2 Min. in kochendem Wasser blanchieren und trocken tupfen.
- Zwiebeln und Knoblauch in Maiskeimöl andünsten.
- Hühnerbrühe und Milch zusammen erhitzen, Zwiebel-Knoblauch-Mischung zugeben und das Maismehl langsam einrühren. 20 Min. köcheln lassen. Vom Feuer nehmen und zugedeckt 30 Min. quellen lassen.
- Chilischoten und Sonnenblumenkerne untermischen und auskühlen lassen.
- Maisbrei auf die Blätter verteilen und wie Päckchen an beiden Enden mit Maisfasern oder gebrühtem Küchengarn zubinden, auf ein Blech legen und mit feuchtem Tuch bedecken. So können Sie die Maispäckchen gut zur Party transportieren.
- Päckchen vor dem Grillen mit Öl bestreichen und auf dem geölten, heißen Rost beidseitig je 2 bis 3 Min. grillen.

TIPP

Statt Maiskolbenblätter eignen sich auch Bananenblätter aus dem Asialaden.

Salsa verde

Ergibt etwa 150 ml

- 4 Sardellenfilets (aus dem Glas)
- 2 TL Kapern
- Saft von 1 Zitrone
- 1 TL Dijon-Senf
- 2 Knoblauchzehen
- je 1 Bund glatte Petersilie, Basilikum und Minze
- 4 EL Olivenöl
- Meersalz
- Pfeffer aus der Mühle

- Sardellenfilets waschen, trocken tupfen und mit Kapern, Zitronensaft, Senf, Knoblauch und etwas Meersalz mit dem Stabmixer zu einer cremigen Paste rühren.
- Kräuter waschen, trocken tupfen, Blättchen zupfen und zusammen mit dem Öl zur Sardellenpaste geben und weiter mixen. Mit Salz und Pfeffer würzen.

TIPP
Diese grüne Sauce passt zu gegrilltem Fleisch, Fisch und Nudeln.

VERPACKUNGSIDEE
Füllen Sie die Salsa verde in ein hübsches Marmeladenglas. Binden Sie den Deckel mit einem Stück grünem Filz zu und kleben Sie ein hübsches Schild dran mit der Aufschrift: »Salsa verde« und dem Datum.

Klassische BBQ-Sauce

Ergibt etwa 150 ml

- 500 g Tomaten
- 10 g Butter
- 2 Zwiebeln, fein gehackt
- 1 EL Ingwer, fein gerieben
- 4 Knoblauchzehen, fein gehackt
- 4 EL Ketchup
- 2 EL Rohrzucker
- 2 EL Balsamico-Essig
- 2 TL Sambal Oelek (Asialaden)

- Tomaten mit dem Messer leicht einritzen, mit kochendem Wasser übergießen und schälen. Tomaten entkernen und in kleine Würfel schneiden.

- Butter in einem Topf zerlassen, Tomaten, Zwiebeln, Ingwer zugeben und etwa 3 Min. unter Rühren köcheln.
- Knoblauch, Ketchup und Zucker zugeben und mit Essig und Sambal Oelek abschmecken.

TIPP

Mit dieser Sauce können Sie auch leckere Maiskolben vom Grill zubereiten. Maiskolben 5 bis 6 Min. vorkochen, in dicke Scheiben schneiden und vor dem Grillen in der BBQ-Sauce marinieren.
Die Sauce hält gut gekühlt eine Woche.

VERPACKUNGSIDEE

Füllen Sie die Sauce in saubere Ketchupflaschen und kleben Sie witzige Etiketten drauf: »Scharfe Sache«, »Ich will Fleisch« oder »Grill & Chill«.

Kartoffelsalat mit Kidneybohnen

Ergibt 4 Portionen

Für den Salat:

750 g festkochende Kartoffeln
1 TL Kümmel
1 Dose (400 ml) Kidneybohnen, abgetropft
1 rote Paprika, gewürfelt
1 Zwiebel, gehackt
2 Knoblauchzehen, zerdrückt
100 g schwarze Oliven, entsteint
200 g Schafskäse

Für das Dressing:

1 TL Senf
100 ml Weißweinessig
100 ml Olivenöl
3–4 Stängel glatte Petersilie, gehackt
Salz und Pfeffer

- Kartoffeln in der Schale mit Kümmel weich kochen, abkühlen lassen, pellen und in 3 mm dünne Scheiben schneiden.
- Kartoffelscheiben mit Kidneybohnen, Paprika, Zwiebeln, Knoblauch und Oliven mischen.
- Schafskäse in kleine Würfel schneiden und unter den Salat heben.
- Für die Sauce alle Zutaten kräftig mischen und über den Salat gießen. Salat gut durchmischen und mind. 1 Std. im Kühlschrank ziehen lassen. Mit Salz und Pfeffer abschmecken.

VERPACKUNGSIDEE

Nehmen Sie den Salat doch mal in einem Dekoeimer (Höhe etwa 30 cm) oder einer Schüssel aus Email mit zur Party!

Aprikosenschmandkuchen vom Blech

Für den Butter-Quark-Teig:
- 400 g Magerquark
- 125 g weiche Butter
- 280 g Dinkel- oder Weizenvollkornmehl
- 2 ½ TL Backpulver
- 4 EL brauner Zucker
- Mehl zum Ausrollen

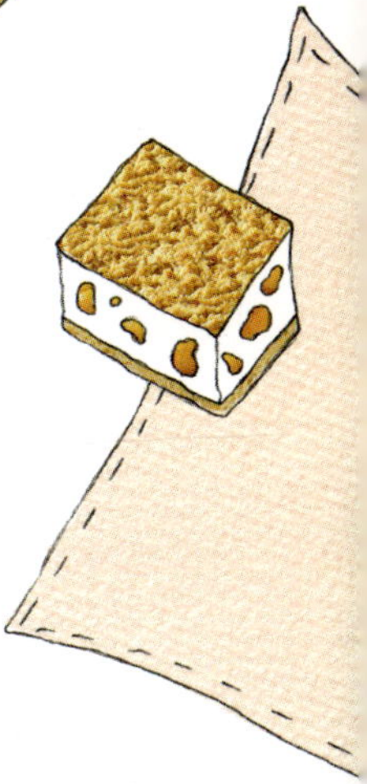

Für den Belag:
- 1 kg französische Aprikosen (mit roten Bäckchen)
- 5 EL Amaretto
- 1–2 EL Puderzucker
- 50 g Amarettini-Kekse, zerbröselt

Für den Guss:
- 300 g Schmand
- 100 g Ricotta
- 100 g Magerquark
- 3 Eier
- 3 EL brauner Zucker

Für die Streusel:
- 200 g Mehl
- 120 g Butter
- 50 g Zucker
- 1 Prise Salz

- Für den Butter-Quark-Teig alle Zutaten mit dem Knethaken des Handrührers zu einem glatten Teig verrühren. Abgedeckt 1 Std. ruhen lassen.
- Aprikosen waschen, halbieren und entsteinen. Mit Amaretto und Puderzucker mischen, kurz marinieren lassen.
- Teig mit Mehl nochmals kneten und auf einem gefetteten Backblech ausrollen. An den Rändern leicht hochziehen, mit Amarettini-Bröseln bestreuen. Aprikosen gleichmäßig mit der Schnittseite nach unten auf dem Teig verteilen.
- Für den Guss Schmand, Ricotta, Magerquark, Eier und Zucker mit dem Handrührer gut verquirlen und über die Aprikosen verteilen.
- Aus Mehl, Butter, Zucker und Salz mit dem Knethaken des Handrührers Streusel herstellen und auf dem Kuchen verteilen. Im vorgeheizten Backofen bei 180 °C (Umluft 160 °C) 40 bis 50 Min. goldbraun backen.

VERPACKUNGSIDEE
Backblech mit einem hübschen Geschirrhandtuch bedecken und das Tuch an allen Seiten mit farbigen Wäscheklammern feststecken. So ist der Kuchen gut geschützt und Sie können ihn – falls Sie ihn kurz vor knapp gebacken haben – auch warm transportieren, da die Hitze durch das Handtuch entweichen kann.

Picknick

Die Wettervorhersage spricht von »sonnig und warm«, und schon rufen die Freunde an: »Kommt mit raus ins Grüne!« Zum Picknick auf die Wiese, zur Radtour an den See oder zum Wandern in den kühlen Wald braucht es Mitbringsel, die nicht nur frisch und lecker schmecken, sondern sich auch gut transportieren lassen.

Antipastibrot

1 rundes, möglichst hohes Krustenbrot

Für die Füllung:

1	Aubergine
1	Zucchini
1	rote Paprika
1	gelbe Paprika
	Olivenöl
4	Knoblauchzehen, zerdrückt
10	Tomaten
3	Zwiebeln
1	Bund Rucola
4 EL	Minzblätter
4 EL	Basilikumblätter
200 g	Ricotta

- Auberginen und Zucchini in Scheiben (etwa ½ cm dick) schneiden, auf einen mit Alufolie belegten Rost legen und im vorgeheizten Backofen bei 200 °C (Umluft 180 °C) auf der obersten Schiene beidseitig etwa 5 Min. grillen, bis sie weich und leicht gebräunt sind.
- Paprika halbieren, Kerngehäuse entfernen und in breite Streifen schneiden. Paprikastreifen mit der Schale nach oben auf einen mit Alufolie belegten Rost legen und auf der obersten Schiene bei 200 °C (Umluft 180 °C) etwa 5 bis 8 Min. grillen, bis die Schale stark gebräunt ist und Blasen wirft. Paprika abkühlen lassen, Schalen ablösen.
- Auberginen, Zucchini und Paprika jeweils in tiefe Teller füllen und mit Olivenöl und Knoblauch bedecken. Zugedeckt mind. 1 Std. im Kühlschrank ziehen lassen.
- Tomaten halbieren, Strunk entfernen und auf einem mit Alufolie belegten Rost auf der obersten Schiene im Ofen bei 200 °C (Umluft 180 °C) etwa 10 bis 15 Min. grillen.

- Zwiebeln in Ringe schneiden und in Olivenöl etwa 5 Min. anbraten.
- Rucola waschen, trocken tupfen und Stiele abschneiden. Minz- und Basilikumblätter waschen und trocken tupfen.
- Oberen Teil des Krustenbrotes als Deckel abschneiden und das Brotinnere bis auf einen 4 cm dicken Rand entfernen. Brot schichtweise mit der Hälfte der Zwiebeln, Auberginen, Minzblätter, Zucchini, Rucolablätter, Tomaten, Basilikumblätter, Paprika und des Käses füllen. Vorgang wiederholen und zum Schluss den Deckel aufsetzen. Nicht im Kühlschrank aufbewahren, da das Brot sonst weich wird. Zum Verzehr wie eine Torte aufschneiden.

VERPACKUNGSIDEE

Binden Sie für den Transport ein großes Küchentuch um das Brot und verknoten Sie die Enden über dem Deckel.

Scharfe Reispäckchen mit Mango

Ergibt 12 Stück

- 150 g Risottoreis (Arborio oder Vialone)
- 1 EL Sesamöl
- 300 ml Gemüsebrühe
- Salz
- 1 Limette, unbehandelt
- 1 Mango
- 4 Frühlingszwiebeln, geputzt, in feine Ringe geschnitten
- 1 rote Chilischote, entkernt, gewürfelt
- 12 Reisteigblätter, 16 cm Durchmesser (aus dem Asialaden)
- Lauchblätter, blanchiert und der Länge nach in dünne Streifen geschnitten

- Reis im Öl unter Rühren 2 Min. andünsten. Brühe dazugeben, salzen und zugedeckt bei schwacher Hitze in 25 Min. ausquellen lassen.
- Limette heiß abspülen, abtrocknen und Schale fein abreiben, Saft auspressen.
- Mango schälen, Fruchtfleisch vom Stein lösen und in kleine Würfel schneiden.
- Frühlingszwiebeln, Chiliwürfel, Mango, Limettenschale und -saft unter den Reis mischen.
- Reisteigblätter nebeneinander auf nasse Geschirrtücher legen, mit Wasser bepinseln und mit weiteren nassen Geschirrtüchern bedecken. 10 bis 15 Min. liegen lassen, bis sie weich und formbar sind.

- Die Reispapiere in der Mitte mit jeweils 1 bis 2 EL der Reismasse bestreichen. Zwei gegenüberliegende Seiten über die Füllung schlagen, die beiden anderen Seiten darüberlegen und zu einem Päckchen formen. Mit dünnen Lauchstreifen verschnüren.

VERPACKUNGSIDEE
Legen Sie eine rechteckige Blechdose mit Alufolie aus und schichten die Päckchen hinein. Dose mit breitem Band oder Strohfäden verschnüren und aus den Bandenden einen Henkel binden.

Pikante Fischbällchen

Ergibt 12 Frikadellen

450 g frisches Kabeljaufilet
100 g Frühlingszwiebeln, gehackt
2 schwarze Pilze, eingeweicht (aus dem Asialaden)
1 Knoblauchzehe, gerieben
1 EL Limettensaft
1 EL rote Peperoni, fein geschnitten
2 EL frischer Ingwer, gerieben
Salz und Pfeffer
Paniermehl

Zum Frittieren:
1 l Sonnenblumenöl

- Fisch waschen, mit Küchenkrepp trocken tupfen und in kleine Stücke schneiden.
- Mit gehackten Frühlingszwiebeln, schwarzen Pilzen, geriebenem Knoblauch, Limettensaft, Peperonistreifen, geriebenem Ingwer in den Mixer geben und fein pürieren. Mit Salz und Pfeffer würzen.
- Rasch mit angefeuchteten Händen 12 Bällchen formen, in eine Schüssel geben und mit Frischhaltefolie abdecken. Für 1 Std. in den Kühlschrank stellen.
- Bällchen vor dem Frittieren in Paniermehl wälzen.
- Öl in einem hohen Topf erhitzen (oder in der Fritteuse) und die Bällchen in 3 bis 5 Min. knusprig ausbacken. Auf Küchenkrepp abtropfen und abkühlen lassen.

VERPACKUNGSIDEE
Jeweils 4 Bällchen in ein Stück Bananenblatt (aus dem Asialaden) einschlagen und mit Bast zubinden. Für den Transport alle 3 Päckchen wiederum einfach zusammenbinden, sie lassen sich dann gut tragen oder an den Fahrradlenker hängen.

Kokos-Minz-Kuchen aus der Dose

Für eine 20-cm-Form (ergibt 12 Stück)

Für den Teig:

125 g	weiche Butter
150 g	Zucker
1	Zitrone, unbehandelt
3	Eier
100 ml	saure Sahne
180 g	Kokosraspeln
125 g	Mehl
1 TL	Backpulver
2 EL	Erdbeerkonfitüre

Für den Guss:

100 ml	Wasser
75 g	Zucker
1 EL	Zitronensaft
1	Zweig frische Minze, gewaschen

- Butter, Zucker und abgeriebene Zitronenschale schaumig rühren. Nach und nach die Eier hinzugeben und weiter schaumig rühren. Saure Sahne, Kokosraspeln, Mehl und Backpulver untermischen. Erdbeerkonfitüre mit dem Löffel leicht unterziehen, sodass der Rührteig marmoriert aussieht.
- Eine Keksdose aus Weißblech (Durchmesser 20 cm) mit Backpapier auslegen, etwa 3 cm über dem Rand überstehen lassen. Teig einfüllen und Kuchen bei 180 °C (Umluft 160 °C) 45 Min. backen.
- Für den Guss Wasser, Zucker, Zitronensaft und Minzzweig zum Kochen bringen und bei mittlerer Hitze etwa 3 Min. köcheln lassen, bis sich der Zucker aufgelöst hat. Minzzweig herausnehmen, warmen Kuchen mit dem Guss bestreichen und abkühlen lassen.

TIPP

Sie können statt der Erdbeerkonfitüre auch jede andere Marmelade oder Konfitüre verwenden. Als Backformen eignen sich sowohl runde wie auch eckige Keksdosen aus Weißblech oder Aluminium bis zu einer Höhe von 5 bis 6 cm.

VERPACKUNGSIDEE

Backpapier leicht über den Kuchenrand falten, Kuchen mit 1 Zweig frische Minze dekorieren und Dose zum Transport mit dem Deckel und Geschenkband verschließen.

Sonntagsfrühstück

Frühstücken wie Gott in Frankreich!
Bringen Sie zur Einladung raffinierte, mit Schokolade gefüllte Hefeküchlein mit – c'est superbe!
Bon appétit!

Schokobrioches

Ergibt 10 Stück

½	Würfel frische Hefe (20 g)
2 EL	Zucker
125 ml	lauwarme Milch
250 g	Mehl
1	Päckchen Vanillezucker
2	Eigelb
60 g	weiche Butter, in Stückchen
50 g	Bitterschokolade, in 10 Stücke geteilt
1	Eigelb, verquirlt

- Zerbröselte Hefe mit 1 EL Zucker in der Hälfte der Milch auflösen. Mehl in eine Schüssel sieben, in der Mitte eine Mulde bilden und aufgelöste Hefe hineingießen. Mit dem Knethaken langsam verrühren, restliche Milch, Vanillezucker, Zucker und Eigelb unter das Mehl rühren, Butterstücke nach und nach zufügen und alles zu einem glatten Teig kneten. Zu einer Kugel formen, mit dem Messer leicht einritzen und zugedeckt mind. 1 Std. gehen lassen, bis sich das Volumen verdoppelt hat.
- Teig auf einer leicht bemehlten Fläche kräftig kneten, damit die Luft entweichen kann, zu einer dicken Rolle formen und in 10 Scheiben schneiden. Von jedem Stück ¼ abnehmen und mit leicht bemehlten Händen kleine Kugeln formen. Große Stücke in der Hand flach drücken, ein Stück Schokolade in die Mitte legen und Teig zusammenklappen.
- Teigtaschen in kleine Briocheförmchen (Durchmesser etwa 6 cm) legen, in die Mitte eine kleine Mulde drücken, mit verquirltem Eigelb ausstreichen und kleine Kugeln hinein setzten. Brioches mit Eigelb bestreichen und zugedeckt nochmals 1 Std. gehen lassen. Anschließend im vorgeheizten Backofen bei 180°C (Umluft 160 °C) 15 bis 20 Min. backen.

TIPP

Sie können die Brioches auch im Muffinblech backen, falls Sie keine Briocheförmchen auftreiben können. Legen Sie jedoch zusätzlich noch Papierförmchen in die Mulden, damit lassen die Brioches leichter aus der Form lösen.

VERPACKUNGSIDEE

Die Brioches machen sich gut in einem netten Brotkörbchen mit Henkel.

Housewarming-Party

Sie brauchen das geeignete Mitbringsel für die nächste Housewarming-Party? Mit diesem coolen Nudelsalat sind Sie sicher herzlich willkommen.

Thailändischer Nudelsalat

Ergibt 6 Portionen

375 g	breite Reisnudeln (Asialaden)
4	Eier
2 EL	Schnittlauch, gehackt
	Salz, Pfeffer
250 g	Riesengarnelen
	neutrales Öl
½	Gurke, geschält
2	Chilischoten
3	Frühlingszwiebeln
250 g	Sojasprossen
2 EL	gehackte Zitronenmelisse
1 EL	gehackte Korianderblätter
100 g	Erdnüsse, geröstet, ungesalzen

Für die Sauce:

2 EL	süße Chilisauce (aus dem Asialaden)
2 EL	Austernsauce (aus dem Asialaden)
2 EL	Sojasauce
2 EL	Sesamöl
2	Knoblauchzehen, zerdrückt
1 EL	Tomatenmark
1 EL	brauner Zucker

- Reisnudeln in einer Schüssel mit kochendem Wasser übergießen und etwa 15 Min. ziehen lassen. Nudeln abgießen, mit kaltem Wasser abschrecken und abtropfen lassen.
- Eier mit Schnittlauchröllchen verrühren, mit Salz und Pfeffer abschmecken und in einer beschichteten Pfanne 2 dünne Omelettes backen. Abgekühlte Omelettes aufrollen und in dünne Scheiben schneiden.
- Garnelen mit etwas Öl in der Pfanne anbraten, bis sie rundum rosafarben sind, anschließend auf einem Küchentuch abkühlen.
- Gurke und Chilischoten der Länge nach aufschneiden, Kerne entfernen und schräg in dünne Scheiben schneiden. Frühlingszwiebeln ebenfalls in dünne Scheiben schneiden.
- Für die Sauce alle Zutaten gut verquirlen.
- Nudeln mit Omelettes, Garnelen, Sojasprossen, Gurke, Chilischoten und den restlichen Zutaten in einer Salatschüssel mischen und mit der Sauce begießen.

TIPP

Für vegetarische Freunde einfach die Garnelen durch Tofuwürfel ersetzen.

VERPACKUNGSIDEE

Spannen Sie Frischhaltefolie über die Schüssel und verpacken Sie sie mit schönem Seidenpapier. Binden Sie noch ein paar Stäbchen vom Thai-Imbiss an die Schleife, dann kann gleich gekostet werden!

Gartenparty

Es soll etwas Fruchtiges für die Gartenparty sein?
Überraschen Sie die anwesenden Schlemmerzungen
mit einem Mitbringsel der Obstklasse.

Mini-Obsttörtchen

Für 2 Tartelettbleche à 15 Stück (4 bis 5 cm ø)

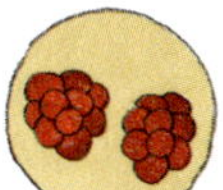

Für den Mürbeteig:

220 g	Mehl
120 g	kalte Butter
50 g	Zucker
2–3 EL	kaltes Wasser

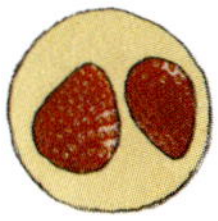

Für die Crème pâtissière:

250 ml	Milch
½	Vanilleschote
3	Eigelb
75 g	Zucker
30 g	Mehl
	Puderzucker

Für den Belag:

50 g	Bitterschokolade
	frisches Obst nach Wahl (z. B. Erdbeeren, Aprikosen, Himbeeren, Trauben)
	Quittengelee, glattgerührt

- Aus Mehl, Butter, Zucker und Wasser einen glatten Teig kneten, zur Kugel formen und in Folie gewickelt mind. 1 Std. kühl stellen.
- Teig auf dem leicht bemehlten Backbrett etwa 3 mm dünn ausrollen und Kreise von 6 bis 7 cm ø ausstechen. Kreise in die eingefetteten Tartelettformen legen, Rand leicht andrücken. Böden mehrmals mit der Gabel einstechen und im vorgeheizten Backofen bei 180 °C (Umluft 160°C) 12 bis 15 Min. goldbraun backen. Teigböden abkühlen lassen und vorsichtig aus der Form lösen.
- Für die Crème pâtissière Milch und Vanilleschote einmal aufkochen, vom Feuer nehmen, 10 Min. ziehen lassen, Vanilleschote herausnehmen. Eigelb und Zucker schaumig rühren, Mehl zugeben und unter stetigem Rühren die lauwarme Milch untermischen. Die Creme noch einmal aufkochen und bei geringer

Hitze 10 Min. köcheln lassen. Dabei mit dem Holzlöffel weiter rühren. Vom Feuer nehmen und auf Zimmertemperatur abkühlen lassen. Damit keine Haut entsteht, Backpapier in Topfgröße ausschneiden und die Creme bedecken. Die Creme wird beim Abkühlen fester.

- Inzwischen Schokolade zerkleinern und in einen kleinen Topf geben. Einen zweiten, größeren Topf halb mit Wasser füllen. Den kleineren Topf hineinsetzen und die Schokolade langsam im Wasserbad schmelzen lassen. Teigböden mit dem Küchenpinsel dünn mit Schokolade bestreichen, trocknen lassen.
- Obst waschen, Stiele und Kerne entfernen, halbieren oder in Spalten schneiden, Beerenfrüchte ganz lassen. Je 1 TL Crème pâtissière auf die vorbereiteten Törtchen streichen, mit Obst belegen und dünn mit Quittengelee bestreichen. Törtchen auf einem Silbertablett arrangieren.

TIPP

Falls Sie keine Tartelettformen besitzen, können Sie die Böden auch in flachen Muffinblechen backen. Vorher gut einfetten.

VERPACKUNG

Setzen Sie die gefüllten Tarteletts nebeneinander auf ein buntes Plastiktablett (30 x 40 cm) mit Griffen oder Henkeln und schenken Sie dieses gleich mit! Zum Transport mit Cellophanfolie abdecken.

Familiensonntag

Wenn am Wochenende die Familie zur Tafelrunde bittet, dann überraschen Sie Ihre Lieben doch mal mit etwas Ungewöhnlichem: einem luftigen Feigen-Schinken-Cake, der so gut schmeckt, dass er den Sonntagnachmittag garantiert nicht überleben wird …

Feigen-Schinken-Cake

Für eine Kastenform von 15 x 26 cm

200 g	frische oder getrocknete Feigen
¼ l	Muskatwein
200 g	Serrano-Schinken, dünn aufgeschnitten
1	Zweig frischer Thymian, gezupft
	Salz und Pfeffer
1	Würfel Hefe (42,5 g)
2 TL	Zucker
⅛ l	lauwarme Milch
500 g	Mehl
1½ TL	Salz
2	Eier
80 ml	Olivenöl
1	Eigelb zum Bestreichen
250 g	frisch geriebener Emmentaler

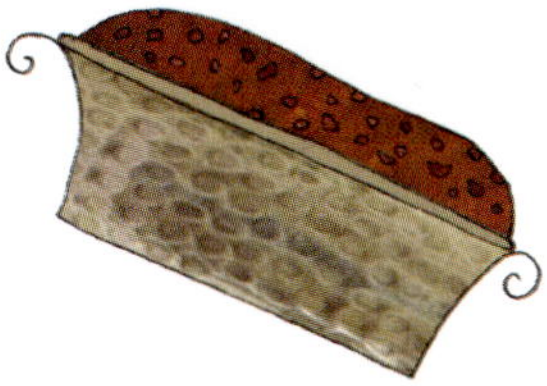

- Feigen entstielen und über Nacht im Muskatwein einweichen.
- Am anderen Tag Feigen abtropfen lassen und in etwa 1 cm große Würfel schneiden.
- Schinken in Streifen schneiden, mit den Thymianblättchen und Feigen mischen, salzen und pfeffern und beiseite stellen.
- Hefe mit 1 TL Zucker in der lauwarmen Milch auflösen und 5 Min. stehen lassen.
- Mehl mit Salz in eine Schüssel sieben. Eier verquirlen und mit dem restlichen Zucker, Olivenöl und der aufgelösten Hefe dazugeben. Mit dem Knethaken rasch zu einem elastischen Teig verarbeiten, der nicht kleben darf.
- Den Teig zur Kugel formen und an einem warmen Ort etwa 1 Std. aufs doppelte Volumen aufgehen lassen. Teig nochmals kräftig durchkneten, mit bemehlten Händen den geriebenen Emmentaler, Schinkenstreifen, Thymianblättchen und Feigen vorsichtig in den Teig einarbeiten und in eine mit Backpapier ausgelegte Kastenform füllen.

- Nochmals aufs doppelte Volumen aufgehen lassen und mit Eigelb bestreichen.
- Cake im vorgeheizten Backofen bei 200 °C (Umluft 180 °C) in etwa 45 Min. goldbraun backen.
- Vor dem Herausnehmen die Garprobe machen: Dazu mit einem Holzstäbchen in den Cake stechen. Klebt kein Teig mehr am Hölzchen, ist er gut.
- Noch etwa 15 Min. in der Form auskühlen lassen. Dann herausnehmen. Er schmeckt warm, lauwarm und kalt.

VERPACKUNGSIDEE

Den Cake ganz einfach in Pergamentpapier einschlagen und für den Transport wie ein Paket verschnüren.

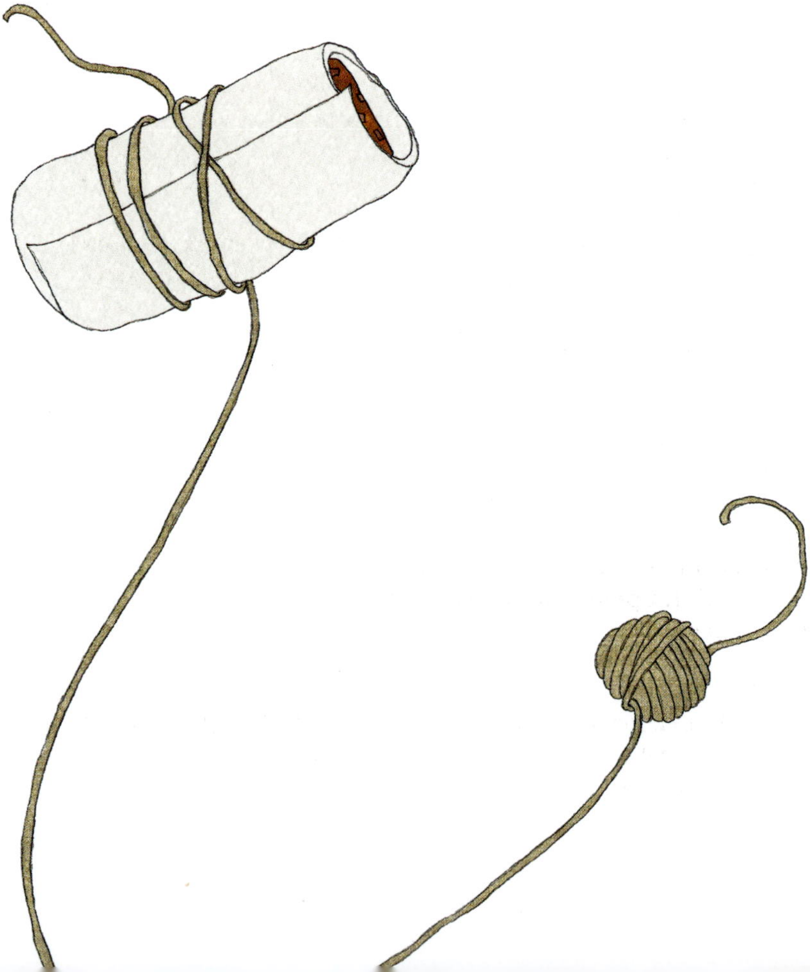

Kindergeburtstagsparty

Wenn die Kleinen große Feste feiern, kommen Mütter leicht ins Schwitzen. Wenn Ihre Freundin Hilfe bei der Massenproduktion von Leckereien braucht, steuern Sie hausgemachte Lutscher, Grießbrei oder eine Riesenbrezel bei.

Karamellbonbonlutscher

Ergibt 6 große oder 12 kleine Lutscher (5 bzw. 10 cm ø)

300 g	Zucker
30 ml	Sahne
75 g	Butter oder Margarine
2 ½	Päckchen Vanillezucker
2 ½	TL Honig

etwas Butter zum Verstreichen
runde Plätzchenausstecher, 5 bzw. 10 cm ø
Alufolie
6 bzw. 12 Holzstäbchen, 30 cm lang

- Ein großes Stück Alufolie (20 x 30 cm) einfetten und an den Rändern etwas nach oben klappen. Ausstechförmchen innen gut mit Butter ausstreichen und auf der Alufolie nebeneinander platzieren.
- Alle Zutaten in einen Topf geben und bei schwacher Hitze etwa 10 bis 15 Min. unter Rühren kochen lassen, bis die Masse karamellfarben und dickflüssig wird.
- Mit einem Schöpfer die Karamellmasse vorsichtig etwa 1 cm hoch in die gut gefetteten Ausstecher gießen. Sowie die Masse an den Rändern anzieht, Ausstecher entfernen und rasch die Holzstäbchen einstechen, solange die Masse noch nicht ganz fest ist.
- Lutscher gut abkühlen lassen und von der Alufolie lösen.

TIPP

Probieren Sie auch andere Lutscherformen wie Herzen oder Monde aus. Gut eignen sich für phantasievolle Lutscherformen die Ausstecher der Weihnachtsbäckerei.

VERPACKUNGSIDEE

Nach dem völligen Erkalten die Lutscher in Cellophanfolie einpacken. Mit Schleifen versehen, zu einem Blumenstrauß binden und in eine Biedermeiermanschette stecken.

Grießbrei mit Zucker und Zimt

Ergibt 8 Portionen

400 ml Vollmilch
¼ l Schlagsahne
50 g Hartweizengrieß
2 EL Honig
2 EL Zucker
1 TL Zimt

- Milch und Sahne zum Kochen bringen. Grieß einstreuen und bei milder Hitze unter Rühren in etwa 5 Min. ausquellen lassen.
- Honig einrühren und in vorbereitete transparente Plastikbecher füllen.
- Kalt werden lassen und mit der Mischung aus Zucker und Zimt bestreuen.

TIPP

Der Grießbrei lässt sich auch mit 200 g frischen Erdbeeren noch verfeinern. Dazu frische Erdbeeren waschen, entstielen und pürieren. Anstelle von Zimt und Zucker auf dem erkalteten Grießbrei verteilen.

VERPACKUNGSIDEE

Im Handel gibt es lustige bunte Plastikbecher in vielen Größen, die preiswert sind und sich als Verpackungs- und Transportgefäße bestens eignen.

Die XL-Brezel

Ergibt 1 große Brezel

- ¼ l Vollmilch, lauwarm
- 1 Würfel Hefe (42,5 g)
- 1 TL Zucker
- 50 g weiche Butter
- 1 Ei
- 1 Prise Salz
- 1 abgeriebene ungespritzte Zitrone
- 500 g Weizenmehl
- 1 Eigelb zum Bestreichen

- Hefe mit 1 TL Zucker in der lauwarmen Milch auflösen und 5 Min. stehen lassen.
- Weiche Butter, Ei, Salz, abgeriebene Zitrone und Mehl dazugeben und zu einem geschmeidigen Teig kneten. Etwa 40 Min. an einer warmen Stelle gehen lassen.
- Nochmals gut durchkneten und vor dem Formen mehrmals auf die Tischplatte schlagen. So wird der Teig noch lockerer.
- Hefeteig in drei Teile teilen und aus jedem Teil einen Strang von etwa 60 cm Länge rollen.
- Die drei Stränge zu einem Zopf flechten und den Zopf zur Brezel formen.
- Die Enden dabei unter das Mittelstück legen, damit sie nicht verbrennen. In die Brezelschlaufen jeweils ein Stück zerknülltes Backpapier legen, dann werden die Schlaufen schöner.
- Auf ein mit Backpapier ausgelegtes Backblech legen, mit Eigelb bestreichen und nochmals 30 Min. gehen lassen.
- Die Brezel im vorgeheizten Ofen bei 200 °C (Umluft 180 °C) etwa 30 Min. backen.

TIPP

Wenn Sie noch Teig übrig haben, formen Sie Blätter und kleben Sie die Formen vor dem Backen mit etwas Wasser auf den Teig! So gelingt die Brezel noch dekorativer!

VERPACKUNGSIDEE

Schlagen Sie die Brezel in Packpapier ein und schreiben Sie Ihre Glückwünsche mit Filzschreiber auf das Päckchen. Schlingen Sie großzügig Geschenkband um die Verpackung.

Abschiedsschmerz
Lebkuchenherz

Süße Trostpflaster

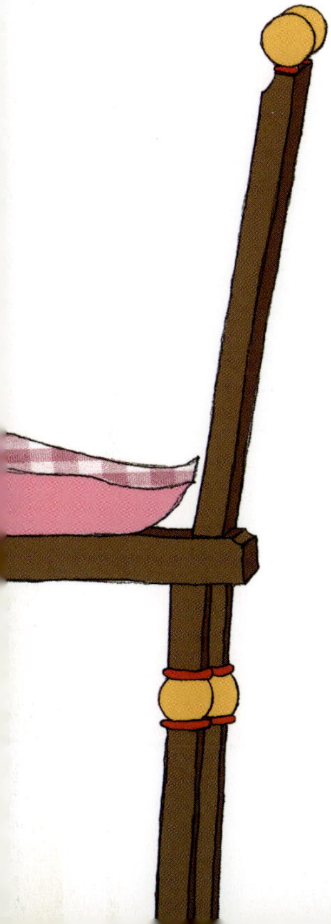

Abschiedsschmerz

*Sagen Sie zum Abschied nicht nur leise servus,
sondern schenken Sie ein süßes Herz, wenn Freunde in die Ferne schweifen
und der Abschiedsschmerz ins Haus steht.*

Lebkuchenherz

Für den Teig:

150 g	Magerquark
100 g	weiche Butter
100	Nussnougat
2 EL	Kakao
1	Ei
300 g	Mehl
½ TL	Backpulver
1	Prise Salz
	etwas Butter

Für die Dekoration:
Zuckerstreusel
Mandeln, geschält, halbiert
farbige Zuckerschrift

- Quark vor dem Abwiegen in ein Küchenhandtuch geben, mit den Händen ausdrücken, oder aufhängen, bis er eine trockene Konsistenz hat.
- Quark und Butter mit dem Handrührer verrühren. Nougat klein schneiden und zusammen mit Kakao und Eigelb in einer weiteren Schüssel verquirlen. Masse unter den Quark ziehen.
- Mehl, Backpulver und Salz mischen, ebenfalls unter die Quarkmasse kneten, bis ein fester Teig entsteht.
- Teig auf einer bemehlten Arbeitsfläche 1 cm dick mit dem Nudelholz ausrollen.
- Aus Backpapier eine Schablone in gewünschter Größe schneiden, auf den Teig legen und die Herzform ausschneiden. Aus den restlichen Abschnitten kleinere Herzen ausstechen. Alle Formen auf ein mit Backpapier ausgelegtes Backblech legen.
- Zuckerstreusel und Mandeln vor dem Backen auf die Teigformen auflegen und leicht andrücken. Im vorgeheizten Backofen bei 200 °C (Umluft 180 °C) etwa 15 Min. backen.

TIPP
Beim Verzieren des Lebkuchenherzens sind der Phantasie keine Grenzen gesetzt: Sie können auch vor dem Backen noch ein hitzebeständiges Band zum Auf- und Umhängen des Herzens anbringen. Nach dem Backen lässt sich das Lebkuchenherz mit fertig zu kaufender Zuckerschrift beschriften und verzieren.

VERPACKUNGSIDEE
Haben Sie eine alte Landkarte mit dem Zielort zur Hand? Dann basteln Sie für den Transport daraus eine Tüte, in die das Herz gut hineinpasst. Oder spießen Sie eine kleine Länderflagge in die Verpackung. Oder verschnüren Sie das Päckchen mit einem Band in den Nationalfarben der neuen Heimat.

Mama-Alarm

Babysitter krank, Schnuller verschwunden, Windel nass und der erste Zahn kommt durch? Zum In-die-Luft-gehen, oder? Bringen Sie entnervte Mütter mit gehaltvollen Schokotröstern wieder auf den Teppich.

Brownies

Ergibt 12 bis 16 Stück

4	Eier
200 g	Zucker
	Mark von 1 Vanilleschote
150 g	Mehl
2 TL	Backpulver
1	Prise Salz
125 g	Pflanzenöl
200 g	dunkle Schokolade (70 %)
50 g	Cashewkerne, grob gehackt

- Eier und Zucker in einer Schüssel schaumig rühren. Vanillemark dazugeben, nach und nach das mit Backpulver vermischte Mehl, Salz und Öl zugeben.
- Schokolade zerkleinern und in einen kleinen Topf geben. Einen zweiten, größeren halb mit Wasser füllen. In den kleineren hineinsetzen und die Schokolade langsam im Wasserbad schmelzen. Abkühlen lassen und mit den Cashewkernen unter den Teig heben.
- Teig auf ein 20 x 25 cm großes, mit Backpapier ausgelegtes Backblech streichen und auf mittlerer Schiene bei etwa 180 °C (Umluft 160 °C) in 20 bis 25 Min. backen.
- Kurz abkühlen lassen, Backpapier entfernen und in Quadrate schneiden.

TIPP
Anstelle von Cashewkernen lassen sich auch Pekannüsse verwenden.

VERPACKUNGSIDEE
Brownies einzeln in Backpapier einpacken und mit dickem Bindfaden verschnüren. Das ist einfach, appetitlich und macht viel her!

Hals- und Beinbruch

Wenn Arm oder Bein im Gipsverband ruhen und ein Krankenbesuch ansteht, machen Sie einen Bogen um den Blumenhändler und drehen Sie statt dessen als Notfallschwester die Powerpillen selbst. So kommt der Patient rasch wieder auf die Beine!

Energiepillen

Ergibt 60 Stück

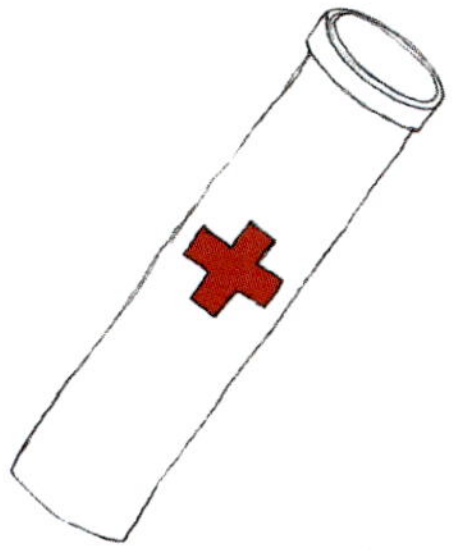

Für die Bällchen:

200 g	feine Haferflocken
2 EL	Sonnenblumenkerne, gehackt
25 g	Sesamkörner, geröstet
10 g	Zuckerrübensirup
50 g	Rosinen
150 ml	Milch

Für die Dekoration:
Kokosflocken
Pistazien, gemahlen
Mandeln, gemahlen

- Alle Zutaten mischen und gut mit den Händen durchkneten. Masse etwa 10 Min. ruhen lassen.
- Anschließend zu kleinen Bällchen formen (Durchmesser etwa 1,5 cm) und wahlweise in Kokosflocken, Pistazien oder Mandeln wälzen. Auf einen Teller legen und etwa 2 Std. ziehen lassen. Kühl gelagert halten die Bällchen etwa 4 Tage.

TIPP

Statt der Rosinen lassen sich auch andere, sehr fein gehackte Trockenfrüchte (Aprikosen, Feigen u. a.) verwenden.

VERPACKUNGSIDEE

Stecken Sie die Energiepillen in ein sauberes Tablettenröhrchen (z. B. von Vitamin-Brausetabletten), das Sie vorher mit einem weißen Blatt beklebt haben. Versehen Sie das Röhrchen mit einem roten Kreuz und dem Zusatz »Powerpillen«. Je nach Größe der Bällchen passen 6 bis 8 Stück in ein Röhrchen. Die restlichen Bällchen in kleine Tüten packen und bei Bedarf »nachlegen«!

Verschnupft

Wenn alle erkältet daniederliegen und mit Papiertaschentüchern um sich werfen, bringen Sie Bonbons aus der kulinarischen Hausapotheke mit. Schon zu Großmutters Zeiten wurden Schnupfen und Heiserkeit damit wirkungsvoll besiegt!

Honig-Minz-Bonbons

Für 10 bis 12 Stück

60 ml	Wasser
150 g	Zucker
50 g	Honig
	Minzöl (aus der Apotheke)

kleine Eiswürfelformen (Plastik)

- Wasser, Zucker, Honig in einen großen Topf geben und unter Rühren zum Kochen bringen.
- So lange kochen, bis alles Wasser verkocht ist und die Flüssigkeit zu karamellisieren beginnt.
- Topf vom Herd nehmen, kurz abkühlen lassen und Minzöl (max. 5 Tropfen) zugeben.
- Kurz unterrühren und die Masse in kleine Eiswürfelformen gießen.
- Nach dem völligen Erkalten die Bonbons herausbrechen.

VERPACKUNGSIDEE

Bonbons in eine bunte Papiertüte schichten. Oberen Rand der Tüte mit der Zackenschere abschneiden und mit bunten Pfeifenputzern schließen.

Liebeskummer

Wenn Liebeskummer an der Seele nagt, spenden Sie süßen Trost und sorgen damit für kräftigen Nachschub an Zuwendung. Am besten zuckersüß, unwiderstehlich und in Herzform!

Nougatherzen

Ergibt etwa 25 Stück

200 g	Butter
70 g	Puderzucker
50 g	Speisestärke
1	Päckchen Vanillezucker
1	Ei
210 g	Mehl
120 g	Nougat
100 g	Kuvertüre

- Butter mit Puderzucker, Speisestärke und Vanillezucker leicht verrühren, nicht schaumig schlagen.
- Ei hinzufügen, Mehl darüber sieben und vorsichtig unterheben.
- Teig in eine Spritztülle mit 10er-Sterntülle füllen.
- Backblech mit Backpapier auslegen und mit Abstand etwa 50 kleine Herzen aufspritzen (Durchmesser max. 3 cm).
- Backofen auf 200 °C (Umluft 180 °C) vorheizen und die Herzen in etwa 13 bis 15 Min. goldbraun backen.
- Herzen auf dem Blech auskühlen lassen.
- Nougat in einem kleinen Topf leicht erwärmen, geschmeidig rühren. Mit einem Messer ½ cm dick auf die Unterseiten der Herzen auftragen. Ein zweites Herz auflegen und leicht zusammendrücken.
- Kuvertüre nach Anleitung auflösen und die Nougatherzen etwa bis zur Hälfte eintauchen. Auf einem Kuchengitter abtropfen lassen.

VERPACKUNGSIDEE

Sobald die Herzen ausgekühlt sind, einzeln in bunte Seidenpapierstücke wickeln. Enden einfach zudrehen. Einzelne Herzen mit dem Anfang eines dicken Woll- oder Filzfadens umwickeln und so oft den Faden darüberführen, bis die Herzen verschwinden. Das Fadenende mit einem Stück Tesafilm zukleben, damit es sich vor dem Verschenken nicht aufdröselt.

Buch verschlampt

Der ausgeliehene Top-Thriller scheint sich in Luft aufgelöst zu haben: Sie haben alles abgesucht, das Bücherregal auf den Kopf gestellt und sämtliche Schubladen durchforstet? Nichts! O je, da muss das Trostpflaster aber besonders originell ausfallen. Wie wäre es mit einem Ersatzexemplar, das man essen kann?

Sweet Thriller

Ergibt einen Kuchen in Buchform von 15 x 22 x 3 cm

Für den Teig:

4	Eigelb
4 EL	warmes Wasser
125 g	Zucker
4	Eiweiß
75 g	Mehl
50 g	Speisestärke
1 Msp.	Backpulver

Für die Dekoration:

125 g	Himbeerkonfitüre
300 g	Marzipanrohmasse
100 g	Puderzucker
1	Eiweiß, leicht angeschlagen.
1	Päckchen Lebensmittelfarben
1	Päckchen farbige Zuckerschrift
1	kleiner Pinsel

- Eigelb mit warmem Wasser schaumig schlagen und nach und nach den Zucker zugeben.
- Eiweiß zu sehr steifem Schnee schlagen und zur Eigelb-Zucker-Masse geben.
- In einer zweiten Schüssel Mehl, Speisestärke und Backpulver mischen und über die Eigelb-Zucker-Eischnee-Masse sieben. Mit einem Küchenspatel vorsichtig alles vermengen und sofort auf ein mit Backpapier ausgelegtes Backblech streichen.
- Bei 200 °C (Umluft 180 °C) in 10 bis 12 Min. backen und sofort auf ein mit Zucker bestreutes Küchenhandtuch stürzen und das Backpapier abziehen (evtl. befeuchten, wenn das Papier sehr anhängt).
- Biskuitboden in der Mitte teilen, die Ränder etwa 1 cm abschneiden, sodass 2 Teigplatten in der Größe 15 x 22 cm entstehen.

- Eine Teigplatte mit Konfitüre bestreichen und die zweite als Deckel drauflegen.
- Marzipanrohmasse mit Puderzucker vermischen und dünn auf einer größeren Plastiktüte (oder Frischhaltefolie) ausrollen, damit sie sich wieder löst. Das »Buch« damit rundherum einschlagen. Evtl. überstehende Ränder mit einem scharfen Messer abschneiden.
- Aus den Marzipanresten rasch einen schmalen Buchrücken, eine Buchdeckelumrandung (dünne Teigrollen) und ein »Titelschild« formen. Die einzelnen Teile mit Eiweiß bestreichen und auf den Marzipanmantel kleben.
- Mit Lebensmittelfarben und einem kleinen Pinsel können die einzelnen Marzipanteile bunt bemalt und mit Zuckerschrift beschriftet werden.

VERPACKUNGSIDEE

Schreiben Sie mit Zuckerschrift etwas Nettes auf Ihr gebackenes Buchexemplar: Wie wäre es mit einem kirschroten »sorry« in Schreibschrift und einer Umrandung mit Zuckerherzen? Lassen Sie Ihre Phantasie spielen!

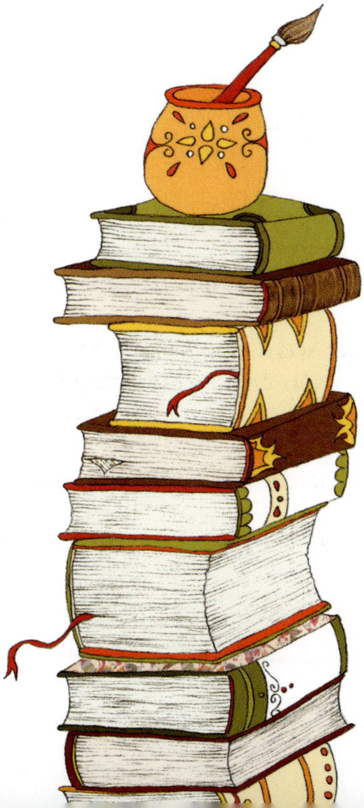

Ehrenrunde, na und?

Das kann doch jedem passieren: Abi schief gelaufen, Examen vermasselt, Führerschein in den Sand gesetzt. Bis zum erneuten Anlauf hilft Scheibchen für Scheibchen ein beruhigendes Extra-Würstchen. Denn: Alles hat ein Ende, nur die Wurst hat zwei.

Schokoladensalami

Ergibt 1 Rolle

Für die Schokomasse:

150 g	Zartbitterschokolade
50 g	Butter
150 g	Mandeln, grob gehackt
12	Butterkekse, zerbröselt
3 EL	Mandellikör (Amaretto) oder Rum
100 g	Rosinen
1 TL	Zimt
1 TL	Nelken, gemahlen

Für die Dekoration:
Puderzucker

- Schokolade zerkleinern und in einen kleinen Topf geben. Einen zweiten, größeren halb mit Wasser füllen. Den kleineren hineinsetzen und die Schokolade zusammen mit der Butter langsam im Wasserbad schmelzen lassen.
- Alle weiteren Zutaten zugeben und gut verrühren. Die Masse kurz im Kühlschrank abkühlen lassen, bis sie formbar ist.
- Eine etwa 20 cm lange Rolle formen und in Frischhaltefolie wickeln. Im Kühlschrank 5 bis 6 Std. hart werden lassen.
- Zum Schluss in Puderzucker rollen und kühl aufbewahren.

VERPACKUNGSIDEE
Die vollkommen ausgekühlte Schokosalami in ein Pergamentpapier einschlagen und an beiden Enden mit einer Schnur zubinden.

Winterdepression

Schlechtes Wetter, miese Laune und noch kein Frühlingstag in Sicht? Gegen die nasskalte Winterdepression hilft ein Käsekuchen, der gute Laune macht. Mit diesem Trostpflaster kommt garantiert das Lächeln zurück: Sagen Sie beim Überreichen einfach »Cheese!«

Käsekuchen mit Baiser

Für eine 26-cm-Springform (ergibt 12 Stück)

Für den Mürbeteig:
220 g Mehl
120 g kalte Butter
50 g Zucker
2–3 EL Wasser

Zum Vorbacken:
500 g Trockenerbsen

Für Füllung und Baiser:
6 Eier, getrennt
500 g Magerquark
250 g Zucker
2 Päckchen Vanillezucker
abgeriebene Schale von 1 unbehandelten Zitrone
1 EL Mehl
1 EL Speisestärke
50 g Butter, zerlassen

- Aus Mehl, Butter, Zucker und Wasser mit dem Knethaken des Handrührers oder in der Küchenmaschine rasch einen Mürbeteig zubereiten. In Frischhaltefolie packen und 1 Std. kühl stellen.
- Mürbeteig auf der Arbeitsplatte mit etwas Mehl zu einer runden Platte ausrollen, eine gefettete Springform damit auslegen, Rand andrücken. Teigboden mit der Gabel mehrmals einstechen und mit Backpapier belegen. Trockenerbsen auf dem Backpapier verteilen und im vorgeheizten Backofen bei 200 °C (Umluft 180 °C) etwa 15 Min. vorbacken. Erbsen und Backpapier herausnehmen, Kuchen abkühlen lassen.
- Für die Füllung Eigelb, Quark, 100 g Zucker, Vanillezucker, abgeriebene Zitronenschale, Mehl und Stärke mit dem Schneebesen (Handrührer oder Küchenmaschine) verrühren. Flüssige Butter nach und nach unterheben.

- 4 Eiweiß steif schlagen, 100 g Zucker untermischen und nochmals 1 Min. weiterschlagen. Eischnee mit dem Holzlöffel unter die Quarkmasse heben. Die fertige Füllung auf den vorgebackenen Kuchenboden geben und im vorgeheizten Backofen bei 175 °C (Umluft 150 °C) 30 Min. backen.
- Für die Baisermasse das restliche Eiweiß mit 50 g Zucker steif schlagen. Eischnee locker auf den heißen Kuchen streichen und ringsum etwa 2 cm Rand frei lassen. Mit dem Kochlöffel kleine Wellen in die Baisermasse zeichnen und den Kuchen nochmals 15 Min. fertig backen.

VERPACKUNGSIDEE

Backen Sie den Kuchen gleich in einer praktischen Einmal-Aluform, dann sparen Sie sich das Umschichten auf die Tortenplatte. Nach dem Erkalten in Cellophanfolie packen, Schleife drum und fertig!

Wieder Single?

Wieder allein? Macht nichts, wo an der nächsten Ecke schon ein anderer steht! Bis dahin hilft Süßes über die Runden, denn Schokolade macht glücklich und beruhigt die Nerven. Bringen Sie der Verlassenen einen erprobten Erste-Hilfe-Kuchen mit, der die Glücksgefühle ratz-fatz wieder ankurbelt.

Schokoladen-Tarte

Für eine 26-cm-Springform (ergibt 12 Stück)

Für den Teig:
250 g Mehl
125 g Butter
90 g Zucker
1 Ei
1 Prise Salz

Für die Füllung:
500 g dunkle Schokolade (60 %)
550 ml Sahne
3 Eier

Zum Vorbacken:
500 g Trockenerbsen

- Aus Mehl, Butter, Zucker, Ei und einer Prise Salz mit dem Knethaken des Handrührers oder in der Küchenmaschine rasch einen Mürbeteig zubereiten und in Haushaltsfolie eingewickelt für etwa 30 Min. in den Kühlschrank legen.
- Backofen auf 160 °C (Umluft 150 °C) vorheizen.
- Teig auf Formgröße ausrollen, dabei einen 2 cm hohen Rand einberechnen. In eine mit Backpapier ausgelegte Form geben.
- Ein weiteres zugeschnittenes Stück Backpapier auf den Teig legen und die Trockenerbsen darauf verteilen, damit er beim Backen nicht aufgeht. Etwa 10 Min. vorbacken und leicht auskühlen lassen.
- Erbsen und Backtrennpapier herausnehmen und den Teig so lange weiterbacken, bis er eine hellbraune Farbe angenommen hat. Danach herausnehmen und leicht auskühlen lassen.
- Inzwischen Schokolade zerkleinern und in einen kleinen Topf geben. Einen zweiten, größeren halb mit Wasser füllen. Den kleineren hineinsetzen und die Schokolade zusammen mit der Butter langsam im Wasserbad schmelzen lassen.
- Sahne und Eier gut verquirlen und die geschmolzene Schokolade zugeben.
- Die Mischung auf den leicht ausgekühlten Teigboden geben. Backofen abschalten. Die Tarte etwa 40 Min. im geschlossenen Ofen belassen.
- Schokoladen-Tarte herausnehmen, Backpapier entfernen und 1 Std. abkühlen lassen. Anschließend im Kühlschrank erkalten lassen.

TIPP

Diese Tarte lässt sich gut einen Tag vor dem Verschenken zubereiten und hält sich etwa 1 Woche.

VERPACKUNGSIDEE

Verpacken Sie die Schokoladen-Tarte dick in Alufolie (damit sie weiter durchziehen kann) und binden Sie zum Verschenken nur eine große braune Schleife drum. Zum Transport eignet sich eine flache Tortenschachtel.

Mehl

Festtagsmitbringsel

Helau, Alaaf!

Offiziell geht's ab dem 11.11. los! Und traditionell gehört zu den tollen Tagen im Februar in Fett ausgebackenes Gebäck, das allen roten Pappnasen auf die Sprünge hilft, wenn sich die Faschingsparty bis in den Morgen gezogen hat.

Fastnachtskrapfen

Ergibt etwa 20 Stück

- ¼ l Wasser
- 50 g Butter
- 1 Prise Salz
- 150 g Mehl
- 5 Eier
- 150 g Rosinen
- 750 g Kokosfett
- Puderzucker zum Bestäuben

- Wasser, Butter und Salz im Stielkochtopf aufkochen. Vom Herd nehmen. Mehl auf einmal dazugeben, glattrühren und wieder erhitzen.
- So lange rühren, bis sich ein Kloß bildet. Topf vom Herd nehmen und das erste Ei hineinrühren. Gut mischen. Etwas abkühlen lassen. Nach und nach alle übrigen Eier untermischen. Zum Schluss die Rosinen unterrühren.
- Kokosfett in der Fritteuse auf 175 °C erhitzen. Mit einem Esslöffel Krapfen vom Teig abstechen und ins siedende Fett gleiten lassen. Krapfen in gut 10 Min. ausbacken lassen. Während der Backzeit Krapfen immer wieder wenden, falls sie sich nicht von selbst drehen.
- Krapfen mit dem Schaumlöffel herausnehmen und auf Küchenkrepp abtropfen lassen. Puderzucker darübersieben und auf einem Kuchengitter auskühlen lassen.

VERPACKUNGSIDEE

Faschingskrapfen in einen Henkelkorb (aus dem Gartencenter) legen, mit Tortenpapier abdecken und bunte Ballons an den Henkel binden.

Aschermittwoch

Sie haben eine Einladung zum traditionellen Aschermittwoch-Frühstück? Da ab jetzt bekanntlich mit üppigem Schlemmen über 40 Tage Schluss ist, überraschen Sie die Gastgeber mit einem einstimmenden Mitbringsel für die »mageren« Tage.

Tropisches Fastenfutter

220 g Zucker
250 ml Wasser
1 frische Ananas

- Zucker und Wasser im Topf erhitzen, bis sich der Zucker aufgelöst hat. Zum Kochen bringen und die Flüssigkeit auf die Hälfte reduzieren.
- Währenddessen die Ananas schälen und in 1 cm dicke Scheiben schneiden. Saft mit Küchenkrepp abtupfen.
- Mit dem Küchenpinsel die Zuckerlösung auf jeweils beide Seiten der Ananasscheiben auftragen. Backblech mit Backpapier auslegen und die Scheiben auflegen.
- Backofen auf 100 °C (Umluft 80 °C) vorheizen und die Ananasscheiben darin in etwa 4 bis 6 Std. trocknen. Von Zeit zu Zeit die Scheiben wenden.
- Auf einem Kuchengitter auskühlen lassen und luftdicht verpacken.

TIPP
Das appetitliche Mitbringsel kann Tage im Voraus zubereitet werden.

VERPACKUNGSIDEE
Eine Blechschachtel mit Seidenpapier auslegen, Ananasscheiben hineinschichten und gut verschließen. Hängen Sie noch einen Zettel dran mit der Aufschrift »Süße Fastentage!«.

Ostereiersuchen

Wenn bei Osterhasen Hochbetrieb herrscht, können Sie mit bunten Eiern im Nest aushelfen! Tief eingebettet im köstlichen Hefekranz können sie nicht verloren gehen und schmücken außerdem jede frühlingsfrohe Ostertafel. Und wenn Sie schon beim Backen sind: Über ein Osterlamm als Mitbringsel freuen sich auch alle. Es sieht nicht nur süß aus, sondern schmeckt auch so.

Osternester

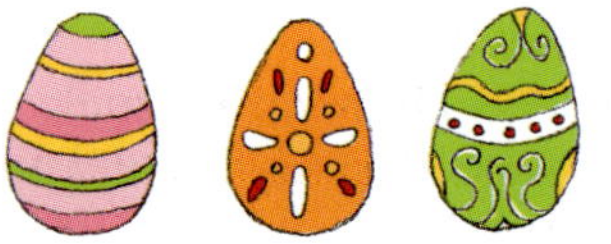

Ergibt 4 Stück

40 g	Butter	1 Msp.	Salz
125 ml	Milch	50 g	Zucker
250 g	Mehl	1	Eigelb
1	Würfel Hefe	4	gekochte Eier, gefärbt

- Butter in einem Stieltopf zerlassen, vom Herd nehmen und die kalte Milch dazugeben.
- Mehl, zerkrümelte Hefe und Salz in eine Schüssel geben. Das Milch-Butter-Gemisch hinzufügen und zu einem glatten Teig verkneten.
- Die Oberfläche mit Mehl einstäuben und den Teig zugedeckt an einem warmen Ort 20 bis 30 Min. aufs doppelte Volumen aufgehen lassen.
- Den aufgegangenen Teig erneut gut durchkneten und in 8 Stücke teilen. Aus jedem eine fingerdicke, etwa 8 cm lange Rolle formen. Je zwei Stränge nebeneinander legen, an den Enden fassen und umeinander drehen. Die Enden dann zusammenfügen, sodass jeweils ein Kranz entsteht.
- Eigelb mit 1 EL Wasser verquirlen und die Kränze auf der Oberseite damit bepinseln.
- In die Mitte jedes Kranzes ein gefärbtes hartgekochtes Ei setzen.
- Die Osternester auf ein mit Backpapier ausgelegtes Backblech legen und im vorgeheizten Backofen bei 200 °C (Umluft 180 °C) auf der mittleren Schiene 15 Min. backen.

VERPACKUNGSIDEE

Verstecken Sie die Osternester in Ostergras! Dazu die vier Nester in Cellophanfolie einwickeln und in einen mit Ostergras ausgepolsterten Pappkarton legen. Deckel drauf und mit Filzstift einen hübschen Osterhasen draufzeichnen (trauen Sie sich einfach!). Grünes Band um den Karton wickeln, Schleife drum und fertig!

Gebackenes Osterlämmchen

Zutaten für eine Lamm-Form

2	Eigelb
2 EL	warmes Wasser
100 g	Zucker
1	Päckchen Vanillezucker
2	Eiweiß, steif geschlagen
100 g	Mehl
1 TL	Backpulver
1 EL	Speisestärke
	etwas Butter zum Einfetten

- Eigelb und Wasser schaumig rühren, Zucker und Vanillezucker dazugeben und verrühren. Das steif geschlagene Eiweiß unterheben. Mehl sieben und zusammen mit dem Backpulver und der Speisestärke einrühren, bis ein leichter Biskuitteig entsteht
- Osterlamm-Form auseinanderklappen und beide Teile gut mit Butter einfetten. Lammform auf den Kopf stellen und den Teig einfüllen.
- Im vorgeheizten Backofen bei 160 °C (Umluft 140 °C) etwa 30 Min. backen.
- Kurz auskühlen lassen, Form öffnen, Lamm herausnehmen und die Standfläche des Lamms mit dem Messer begradigen. Mit Puderzucker bestäuben.

VERPACKUNGSIDEE

Ein kleines Glöckchen auf ein rotes Band ziehen und dem Lämmchen um den Hals binden. Auf grüne Holzwolle setzen und in Cellophanfolie einwickeln.

Erntedank

Jetzt zeigt sich der Herbst von seiner leckersten Seite, denn Obst und frische Nüsse, Samen und Kerne sind bereits geerntet. Was bietet sich daher besser an als ein saftiges Körner-Mitbringsel aus feinstem Schrot und Korn? Oder die klassische Apfeltarte mit Pfiff, die süchtig macht?

Saftiges Körnerbrot

Für zwei Kastenformen von 10 x 25 cm

1 l	Buttermilch, lauwarm
3	Würfel frische Hefe (je 42,5 g)
500 g	Weizenvollkornmehl, fein gemahlen
250 g	Weizenvollkornmehl, grob gemahlen
250 g	Roggenvollkornmehl, grob gemahlen
50 g	Sonnenblumenkerne
50 g	Kürbiskerne
50 g	Mandelkerne
100 g	Leinsamen
100 g	Sesamkörner
80 g	Zuckerrübensirup
1½ EL	Salz

Für die Dekoration:
einige Kürbiskerne

- Die warme Buttermilch in eine große Schüssel geben und die Hefe darin auflösen. Alle übrigen Zutaten nach und nach dazugeben, gut vermischen und in zwei Kastenformen füllen. Oberfläche mit wenig Wasser einpinseln und mit Kürbiskernen bestreuen.
- Im vorgeheizten Backofen bei etwa 150 °C (Umluft 140 °C) gut 2 Std. backen.
- Brote in der Form auf einem Gitter auskühlen lassen.

VERPACKUNGSIDEE
Wenn Sie Einmalformen verwenden, können Sie die Brote in der Form verschenken. In Cellophanfolie einschlagen, zubinden, kleine Holzäpfel, Ähren oder Herbstlaub daran befestigen und fertig!

Tarte Tatin mit Aprikosen und Ingwer

Für eine Antihaft-Ringform von 26 cm (ergibt 12 Stück)

Für den Belag:
- 5–6 große Aprikosen
- 80 g Zucker
- 100 g Butter, gewürfelt
- 1 EL kandierter Ingwer, klein gewürfelt

Für den Blätterteig:
- 250 g Blätterteig, aus dem Kühlregal (runde Form)

- Aprikosen überbrühen, häuten, halbieren und Steine entfernen.
- In einem kleinen Topf Zucker bei schwacher Hitze schmelzen und unter Rühren Butter zugeben, bis die Masse leicht karamellisiert. Karamell sofort in die Backform gießen, Aprikosenhälften mit der Schnittfläche nach oben darauf verteilen, Ingwerstücke in die Zwischenräume füllen.
- Blätterteig über die Aprikosen legen, überstehende Ränder nach innen einschlagen und festdrücken. Im vorgeheizten Backofen bei 180 bis 200 °C (Umluft 160 bis 180 °C) 15 bis 20 Min. backen, bis der Deckel gar ist und eine schöne braune Farbe hat.
- Kuchen abkühlen lassen, Servierplatte mit erhöhtem Rand auf die Form legen und vorsichtig stürzen.

TIPP

Anstelle von Aprikosen können Sie auch Pfirsiche, Äpfel oder Birnen verwenden.

VERPACKUNGSIDEE

Stürzen Sie die Tarte Tatin nach dem Erkalten auf eine Kuchenpappe (aus dem Kaufhaus) und transportieren Sie sie in einer Kuchenschachtel (aus der Konditorei). Schleife drum, fertig!

Halloween

Wenn allerlei Hexen und Geister im Novembernebel durch die Lüfte schweben, steht die Halloweenparty vor der Tür! Mit einer leckeren Kübistarte unter Ihrem schwarzen Umhang sind Sie garantiert willkommen.

Kürbistarte

Für eine Tarteform von 26 cm (ergibt 12 Stück)

10	Brötchen vom Vortag (350 g)
1 l	warme Milch
500 g	Muskatkürbis
1	Prise Salz
⅛ l	Wasser
2	Eier
250 g	Zucker
	Saft einer Orange
	abgeriebene Schale von 2 unbehandelten Orangen
150 g	Sultaninen
70 g	Pistazien, gehackt
30 ml	Rum
	Butter zum Einfetten
2 EL	Semmelbrösel
40 g	Butter

- Brötchen grob zerschneiden und in Milch einweichen.
- Kürbis entkernen, schälen und grob zerkleinern. In einen Topf geben und mit Salz in Wasser in etwa 10 Min. weichkochen. Abgießen und abdämpfen lassen.
- Eier mit Zucker in einer Schüssel schaumig rühren. Orangensaft und abgeriebene Schale unterrühren.
- Brötchen ausdrücken und durch ein Sieb passieren. In die Masse rühren.
- Kürbis mit einer Gabel zerdrücken oder im Mixer pürieren. Zur Masse geben und alles gut vermischen.
- Sultaninen heiß abspülen und gut abgetropft dazugeben. Pistazien und Rum zufügen.
- Eine große feuerfeste Tarteform buttern und mit Semmelbröseln ausstreuen. Die Kürbismasse einfüllen und glattstreichen. Butter in Flöckchen draufsetzen.
- Die Form in den vorgeheizten Backofen schieben und bei 180 °C (Umluft 160 °C) 80 bis 90 Min. auf mittlerer Schiene backen.
- Form aus dem Ofen nehmen und auskühlen lassen.

TIPP
Die Kürbistarte kann am Vortag gebacken werden.

VERPACKUNGSIDEE
Wählen Sie zum Backen eine hübsche Tarteform (aus Steingut oder Porzellan, preiswert im Verbrauchermarkt) und schenken Sie die einfach dazu. Für den Transport in ein neues Küchenhandtuch schlagen und die vier Enden über der Tarte zusammenknoten.

Sankt Martin

Der Gänsebraten am 11. November galt im Mittelalter als letzter Festbraten vor dem Adventsfasten. Also ran an die Martinsgans! Bringen Sie ein »gans« leckeres Mitbringsel mit, an dem die Beschenkten nicht nur am Namenstag des heiligen Martin ihre Freude haben werden!

Gänseconfit

Ergibt 4 Portionen

- 4 Gänsekeulen (je etwa 450 g)
- 3 Thymianzweige
- 4 Gewürznelken
- 3 Lorbeerblätter
- 2 EL grobes Meersalz
- 1 EL Zucker
- 1½ kg frischer Schweinespeck

- Gänsekeulen am Vortag kalt abspülen und trockentupfen. Thymianblätter zupfen. Gewürznelken und 1 Lorbeerblatt im Mörser zerstoßen. Anschließend mit Thymian, grobem Salz und Zucker mischen.
- Gänsekeulen rundherum mit dieser Mischung einreiben und in eine Form legen. Im Kühlschrank über Nacht marinieren lassen.
- Am nächsten Tag Speck fein würfeln. In einem großen Topf auslassen, bis die Speckwürfel knusprig sind und das Fett ausgetreten ist.
- Speckwürfel mit der Schaumkelle herausnehmen. Gänsekeulen zusammen mit den Gewürzen ins heiße Fett geben und abgedeckt 2 Std. bei milder Hitze garen. Ab und zu wenden.
- Die Keulen herausnehmen und in einen verschließbaren, dekorativen Glasbehälter (1½ l) schichten. Speckwürfel dazugeben. Fett etwas abkühlen lassen und durch ein Sieb über die Keulen geben, bis sie bedeckt sind. Deckel schließen und kühl stellen.

TIPP

Dieser klassische Gänseschmalztopf hält sich bis zu 4 Wochen.

VERPACKUNGSIDEE

Zum Verschenken eignen sich große Marmeladen- oder Einweckgläser mit Deckel. Mit einem Permanentfilzstift lässt sich auf dem Glas auch noch ein Martinsgruß unterbringen!

Advent, Advent, ein Lichtlein brennt

Wenn es draußen so richtig ungemütlich wird, bringen Sie zum heißen Adventstee eine große Portion kleiner Lebkuchen mit. In den Tee getaucht entfalten sie ihr volles Aroma – einfach unwiderstehlich. Oder steht Ihnen der Sinn eher nach etwas Fruchtigem aus dem Orient? Gefüllte Datteln sind dekorativ und duften verführerisch.

Basler Lebkuchenleckerli

Für ein Backblech (ergibt 35 große oder 70 kleine Leckerli)

Für den Teig:

200 g	Rohzucker
1	Prise Salz
4	Eier
1 EL	Lebkuchengewürz
	abgeriebene Schale von 1 unbehandelten Zitrone
je 60 g	Orangeat und Zitronat, gehackt
250 g	Haselnüsse, gemahlen
60 g	flüssige Butter, abgekühlt
250 g	Mehl

Für die Glasur:

150 g	Puderzucker
1 EL	Kirschwasser oder Zitronensaft
2 EL	Wasser

- Zucker, Salz und Eier in einer Schüssel mischen und rühren, bis die Masse hell wird.
- Lebkuchengewürz, abgeriebene Zitronenschale, Orangeat und Zitronat, gemahlene Haselnüsse und flüssige Butter dazugeben und mischen. Mehl beigeben und zu einem Teig zusammenrühren.
- Teig auf ein mit Backpapier ausgelegtes Backblech 1 cm dick aufstreichen und 20 bis 25 Min. im vorgeheizten Backofen auf mittlerer Schiene bei 180 °C (Umluft 160 °C) backen.
- In der Zwischenzeit Puderzucker, Kirschwasser oder Zitronensaft und Wasser gut vermengen. Die Masse direkt nach dem Backen auf den noch heißen Teig aufstreichen.
- Sofort in 4 cm breite und 5 cm lange Rechtecke schneiden und auf dem Backblech auskühlen lassen.
- Luftdicht verschlossen aufbewahren.

TIPP

Kleinere Leckerli (70 Stück) erhalten Sie, wenn Sie die Rechtecke längs halbieren.

VERPACKUNGSIDEE

Öffnen Sie eine Weißblech-Konservendose mit dem Büchsenöffner nur so weit, dass der Deckel beweglich bleibt und sich gut auf und zu klappen lässt. Den Inhalt verwenden, die Dose gut ausspülen und das Etikett entfernen. Packen Sie die Leckerli die Dose, kleben den Deckel mit Tesafilm fest und verpassen der Dose eine weihnachtliche Bauchbinde.

Gefüllte Datteln

Ergibt 30 Stück

30 g	ganze Mandeln, abgezogen
40 g	Walnüsse
30 g	Sesamkörner
20 g	Zucker
1 TL	gemahlener Zimt
½ TL	abgeriebene Orangenschale
10 g	weiche Butter
30	feste Datteln
30 g	Kokosraspel
40 g	Pistazienkerne, fein gehackt

- Mandeln und Walnüsse in einer Pfanne ohne Fett bei milder Hitze goldbraun rösten. Zur Seite stellen. Sesamkörner in die Pfanne geben und ebenfalls kurz anrösten. In einer kleinen Schüssel auskühlen lassen.
- Mandeln, Walnüsse, Sesamkörner, Zimt, Zucker, Orangenschale und Butter rasch im Mixer zu einer feinen Paste pürieren.
- Datteln vorsichtig häuten, längs aufschneiden, aber nicht halbieren. Kerne entfernen und die Datteln mit der Nusspaste füllen. Vorsichtig schließen.
- Datteln jeweils hälftig in Kokosraspel und Pistazien wälzen.

TIPP

Eine schnelle Variante: Datteln nicht schälen. Pistazien und Kokosraspeln mit dem Nussmus verkneten und die Masse üppig in die Datteln füllen, nicht ganz schließen, sodass die Füllung sichtbar bleibt.

VERPACKUNGSIDEE

Die gefüllten Datteln sehen am schönsten in einer großen Cellophantüte aus. Dazu die Datteln vorsichtig einfüllen, Tüte mit einem bunten Pfeifenputzer schließen und einen Adventsengel oder Strohstern dranbinden.

Nikolausüberraschung

Wenn der heilige Nikolaus kommt, bringt er meist etwas Gutes mit. Tun Sie's ihm gleich und verschenken Sie am Nikolausabend ein gehaltvolles Früchtebrot, das mit seinem Duft nach Koriander, Nelken, Nüssen und Muskatblüte Weihnachten einläutet. Oder erfreuen Sie Ihre Liebsten einfach mit hausgemachten Marzipankartoffeln.

Früchtebrote

Ergibt 4 Stück

500 g	getrocknete Birnen
etwa 1 l	Wasser
500 g	Backpflaumen
500 g	getrocknete Feigen
100 g	ganze Mandeln
100 g	Haselnüsse
100 g	Walnüsse, in kleinen Stücken
100 g	Orangeat, gewürfelt
100 g	Zitronat, gewürfelt
500 g	Sultaninen
375 g	Korinthen
250 ml	Obstwasser

Für den Teig:

750 g	Mehl
2	Päckchen Trockenhefe
50 g	Zucker
1 TL	Salz
	abgeriebene Schale von 1 unbehandelten Zitrone
2 TL	gemahlener Zimt
2 TL	gemahlener Koriander
1 TL	gemahlene Nelken
1 TL	gemahlene Muskatblüte
1 TL	Anissamen
425 ml	Einweichflüssigkeit (s. Anleitung) der Birnen

- Birnen in eine Schüssel mit Wasser geben, sodass alle Früchte bedeckt sind. Über Nacht in Wasser stehen lassen. Anderntags abtropfen lassen und die Einweichflüssigkeit auffangen. Davon 425 ml abmessen (evtl. mit Wasser auffüllen) und beiseite stellen.
- Backpflaumen, Feigen, Mandeln, Haselnüsse und Walnusskerne, Orangeat und Zitronat, Sultaninen und Korinthen in eine

Schüssel geben und mit dem Obstwasser bedecken. Schüssel mit Alufolie abdecken und über Nacht ziehen lassen.

- Am nächsten Tag Mehl in eine Schüssel sieben und sorgfältig mit der Backhefe vermischen.
- Zucker, Salz, abgeriebene Zitronenschale, Zimt, Koriander, Nelken, Muskatblüte, Anissamen und die Einweichflüssigkeit der Birnen zugeben. Mit dem Knethaken des Handrührers zu einem Teig verkneten und an einem warmen Ort aufs doppelte Volumen aufgehen lassen.
- Nochmals gut durchkneten. Eingeweichte, abgetropfte Früchte leicht bemehlen und mit verkneten.
- Den Teig in 4 gleiche Teile teilen, zu länglichen Broten formen.
- Die Brote auf ein gefettetes Backblech legen, nochmals an einem warmen Ort aufs doppelte Volumen aufgehen lassen.
- Mit kaltem Wasser bestreichen und im vorgeheizten Backofen bei 180 °C (Umluft 160 °C) backen. Backzeit etwa 75 Min.
- Die gut ausgekühlten Früchtebrote in Alufolie verpacken und bis zum Verzehr kühl lagern.

VERPACKUNGSIDEE
Früchtebrot in Cellophanfolie einschlagen und in ein geflochtenes, mit Holzwolle ausgelegtes Spankörbchen (kostenlos vom Gemüsehändler) legen. Körbchen verschließen und mit dickem Bindfaden verschnüren.

Marzipankartoffeln

Ergibt 20 Stück

250 g	Marzipanrohmasse
80 g	Puderzucker
1 EL	Rosenwasser
150 g	Kakao- oder Schokoladenpulver

- Marzipanrohmasse in einer Schüssel mit Puderzucker und Rosenwasser fest verkneten.
- Sollte die Masse noch an den Fingern kleben, mehr Puderzucker zugeben.
- Mit leicht angefeuchteten Händen gleichmäßige Kugeln formen und in Kakao- oder Schokoladenpulver wälzen.

VERPACKUNGSIDEE
Marzipankartoffeln in einen kleinen Jutebeutel füllen, mit Bindfaden oder Pfeifenputzer zubinden und beschriften, zum Beispiel mit »Ein Gruß vom Nikolaus«.

Wichteln

Wichteln ist eine der schönsten Beschäftigungen in der Vorweihnachtszeit. Wer seinem geheim ausgewählten »Wichtelopfer« eine kulinarische Freude machen will, denkt sich eine Überraschung aus, die den Spender nicht so schnell verrät. Wie wär's mit einem Glas hausgemachter Haselnusscreme?

Haselnusscreme

Ergibt 2 große Marmeladengläser Brotaufstrich

200 g dunkle Schokolade (60 %)
300 g Butter
500 ml Kondensmilch, gezuckert
100 g gemahlene Haselnüsse

- Schokolade grob brechen und in einen kleinen Topf geben. Diesen in einen zweiten, halb mit Wasser gefüllten Topf geben und langsam erhitzen, bis die Schokolade geschmolzen ist. Das Wasser sollte dabei knapp unterhalb des Siedepunkts bleiben.
- Sowie die Schokolade geschmolzen ist, Topf aus dem Wasserbad nehmen. Die Butter in der warmen Schokolade auflösen. Gezuckerte Kondensmilch und gemahlene Haselnüsse unterrühren. Gut vermischen.
- In saubere Gläser füllen und zuschrauben.

TIPP
Anstelle von dunkler lässt sich natürlich auch weiße Schokolade verwenden.

VERPACKUNGSIDEE
Verpacken Sie das Glas Haselnusscreme in grünem Krepppapier und binden Sie eine Schleife mit Tannenzapfen ans Wichtelgeschenk.

Die Weihnachtsbäckerei

So wünscht man sich die Weihnachtsbäckerei: fruchtig, süß und mit den exotischen Aromen des Orients. Wenn Sie eine Linzer Torte mitbringen, schenken Sie einen Weihnachtsgruß mit Tradition. Die saftige Mandelspezialität bleibt tagelang problemlos frisch.

Linzer Torte

Für eine Springform von 24 cm (ergibt 12 Tortenstücke)

Für den Teig:

200 g	Mehl
200 g	kalte Butter
150 g	Puderzucker
1	Prise Salz
100 g	Mandeln, gemahlen
4	Zwiebäcke, fein zerstoßen
	abgeriebene Schale von 1 unbehandelten Zitrone
1 TL	gemahlener Zimt
1 EL	Kakao
4	Nelken, zerstoßen
1 Msp.	gemahlener Piment
	Mark von 1 Vanilleschote
2	Eigelb
3 EL	Himbeergeist
	Mehl zum Ausrollen

Für die Füllung:

250 g	Himbeerkonfitüre
	etwas Kondensmilch zum Bestreichen

- Mehl in eine Schüssel geben. Butter in dünnen Scheiben hineinschneiden und mit dem Knethaken rasch vermischen. Puderzucker, Salz, gemahlene Mandeln dazugeben.
- Zwiebackbrösel, abgeriebene Zitronenschale, Zimt, Kakao, Nelken, Piment, Vanillemark, Eigelb und Himbeergeist dazugeben und zu einem festen Teig verkneten. Den Teig zugedeckt im Kühlschrank 30 Min. ruhen lassen.
- $\frac{2}{3}$ des Teiges auf einem bemehlten Backbrett etwa 1 cm dick ausrollen. In die Springform drücken und dabei einen Rand hochziehen. Den Tortenboden mit der Himbeerkonfitüre dick bestreichen.
- Restlichen Teig 3 mm dick ausrollen. Mit dem Teigrädchen lange, etwa $1\frac{1}{2}$ cm breite Streifen ausrädeln. Die Torte damit gitterförmig belegen.
- Gitterstreifen mit Kondensmilch bestreichen.
- Die Torte im vorgeheizten Backofen bei 180 °C (Umluft 160 °C) auf der untersten Schiene etwa 1 Std. backen.

TIPP
Linzer Torte schmeckt am besten, wenn sie 1 bis 2 Tage vor dem Verzehr gebacken wird.

VERPACKUNGSIDEE
Widmen Sie das gute Stück namentlich mit Zuckerschrift und wünschen Sie darauf »Fröhliche Weihnachten!«. So sparen Sie sich die traditionelle Weihnachtskarte.

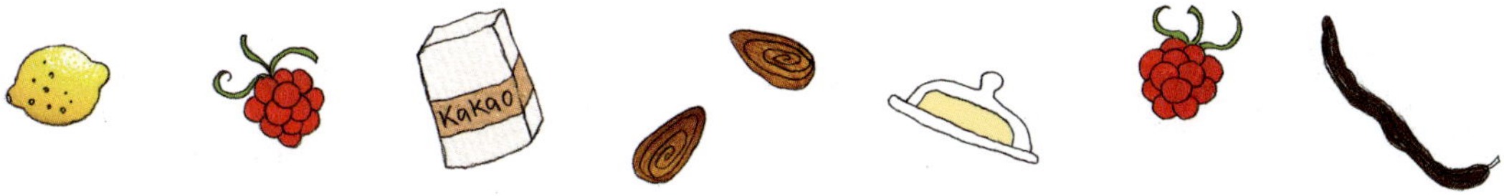

Alle Jahre wieder

Ihr Mitbringsel soll etwas hermachen und wunderbar schmecken, ohne dass Sie stundenlang im Küchendampf stehen? Leckerer Baumschmuck ist die Lösung! Er ziert Tanne wie Fichte und schmeckt selbst nach dem Fest noch lecker. Oder brauchen Sie etwas Dekoratives für die Festtafel, was einfach und schnell geht? Rotbackiger, fruchtiger Schmuck für den Weihnachtstisch ist die Antwort! Oder soll's doch lieber ein guter Schluck sein, der nach dem ersten Weihnachtsspaziergang höchst willkommen sein wird?

Marzipan-Christbaumschmuck

Ergibt 10 bis 15 Stück

Für den Teig:

50 g	weiche Butter
400 g	Marzipanrohmasse
100 g	Zucker
1	Ei
3 EL	Rum
100 g	Weizenmehl

Für die Dekoration:
125 g Schokoglasur
1 schmaler Pinsel

- Butter mit dem Handrührer geschmeidig rühren und nach und nach Marzipanrohmasse, Zucker, Ei und Rum zugeben.
- Mehl darübersieben und unterrühren. Den Teig in einen Spritzbeutel mit gezackter Tülle füllen und Herzen, Kringel, Brezeln oder Dreiecke in verschiedenen Größen auf ein gefettetes und bemehltes Backblech spritzen.
- Im vorgeheizten Backofen bei 200 °C (Umluft 180 °C) etwa 10 Min. backen.
- Inzwischen die Schokoglasur im Wasserbad (s. S. 105) auflösen und die erkalteten Formen bis zur Hälfte oder ganz eintauchen. Mit einem Pinsel abwechselnd Linien-, Gitter-, Streifen- oder Punktemuster auftragen.
- Auf Pergamentpapier trocknen lassen. Den fertigen Christbaumschmuck zum Aufhängen mit bunten Schleifen oder Bändern versehen.

VERPACKUNGSIDEE

Behängen Sie eine frische kleine Zwergtanne mit dem Schmuck. Die Topfbäumchen gibt es vor Weihnachten überall preiswert im Handel.

Weihnachtsäpfel

Ergibt 8 Stück

8 Weihnachtsäpfel (rotbackig), mit Stiel
weiße Zuckerschrift

- Äpfel mit einem weichen Tuch abreiben, bis sie glänzen.
- Mit Zuckerschrift Schneekristalle, Schneeflocken, Herzen auf die Schale aufzeichnen, auf einem Kuchengitter gut trocknen lassen.

VERPACKUNGSIDEE

Die Äpfel dekorativ auf dem Kuchengitter verteilen und mitsamt Gitter in Cellophanfolie verschenken. Falls Sie eine Glasglocke auftreiben können, lassen sich die Äpfel auch »unter der Haube« verschenken.

Rotwein mit Gewürzsäckchen

1 Flasche trockener Rotwein

Für das Gewürzsäckchen:

150 g Würfelzucker
½ Zimtstange
3 Nelken
abgeriebene Schale von ½ unbehandelten Zitrone
1 Mullbeutelchen (25 x 25 cm)
Küchengarn

- Rotwein in einen großen Topf geben. Würfelzucker, Zimstange, Nelken und Zitronenschale in ein kleines Stück Mull (zum Beispiel von einer Stoffwindel) füllen und mit Küchengarn fest verschließen. Das Gewürzsäckchen in den Rotwein geben und langsam erhitzen (10 bis 15 Min.), bis sich der Zucker aufgelöst hat. Der Rotwein darf jedoch nicht kochen.
- Vom Herd nehmen und noch 5 Min. ziehen lassen.
- Heiß in Gläser füllen.

TIPP

Anstelle von Rotwein können Sie auch 1 l Apfelwein nehmen.

VERPACKUNGSIDEE

Zum Verschenken schlagen Sie die gekaufte Flasche Rotwein in rotes Seidenpapier ein und fertigen nur ein hübsches Gewürzsäckchen aus Mull an, das sich dekorativ an die Flasche hängen lässt.

Silvesterparty

Das große Silvesterbuffet verkürzt das Warten aufs Feuerwerk besonders gut. Mit einer köstlichen Lachspastete schießen Sie auch noch kurz vor zwölf den Vogel ab. Und wenn Sie Ihre guten Neujahrswünsche einmal ganz anders überbringen wollen, bitte schön: Glückskekse stammen ursprünglich aus China und garantieren einen unterhaltsamen Abend. Oder soll das alte Jahr mit einem kulinarisch explosiven Paukenschlag zu Ende gehen? Dann liegen Sie mit Rumbömbchen goldrichtig!

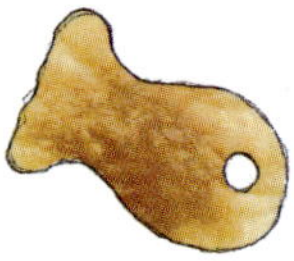

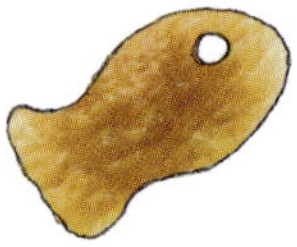

Lachspastete

Für eine Kastenform von 10 x 28 cm

Für den Teig:
- 300 g Blätterteig, tiefgefroren

Für die Füllung:
- 1 kg Lachsfilet, entgrätet
- 2 EL Dill, gehackt
- Saft von 5 Zitronen
- ¼ l Sahne
- 125 g Weißbrot, ohne Rinde, in Scheiben
- 2½ Eiweiß, verrührt
- 1 Becher Crème fraîche (200 g)
- Salz und weißer Pfeffer
- 2 Eigelb, verschlagen

Fischformausstecher (7 x 3 cm)

- Blätterteig bei Zimmertemperatur auftauen lassen.
- Die Hälfte des Lachsfilets, also 500 g, in Streifen schneiden, in eine Schüssel geben, mit der Hälfte des Dills vermengen und der Hälfte des Zitronensafts beträufeln. 2 bis 3 Std. ziehen lassen. Abtropfen und beiseite stellen.
- Sahne und Eiweiß verschlagen und über die Weißbrotscheiben geben.
- Die abgetropften Lachsfiletstreifen zusammen mit dem Weißbrot durch die feine Scheibe des Fleischwolfs drehen. Crème fraîche dazugeben und verrühren. Masse mit dem restlichen Zitronensaft, Salz, weißem Pfeffer und restlichem Dill würzen.

- Eine Kastenform mit Backpapier auskleiden (1 cm über den Rand stehen lassen). Den Blätterteig ausrollen und die Kastenform damit auslegen. So viel Rand lassen, dass ausreichend Blätterteig für den Deckel übersteht.
- Die Hälfte der Fischmasse einfüllen, nun das verbliebene Lachsfilet salzen und pfeffern, auf der Fischmasse verteilen und mit dem Rest der Fischmasse zudecken.
- Den Blätterteigrand über die Füllung klappen und etwas andrücken. Aus Blätterteigresten mehrere Fischformen ausstechen. Mit etwas Wasser auf den Teig kleben und mit Eigelb bestreichen (einige Fische für die Verpackungsdekoration aufheben).
- Pastete und Dekorationsfische in den vorgeheizten Backofen stellen, bei 200 °C (Umluft 180 °C) in 25 bis 35 Min. knusprig backen. Dekorationsfische nach 8 bis 10 Min. herausnehmen.
- Pastete aus dem Ofen nehmen; in der Form auskühlen lassen.

VERPACKUNGSIDEE

Die ausgekühlte Pastete aus der Form nehmen (dazu einfach das Backpapier mit beiden Händen hochziehen) und in Alufolie dick verpacken, sodass der Pastetendeckel sichtbar bleibt. Großzügig in Cellophanpapier einwickeln, fest zubinden, so dass sich tiefe Falten bilden. Die Blätterteigfische zur Dekoration hineinstecken.

Chinesische Glückskekse

Ergibt 10 Stück

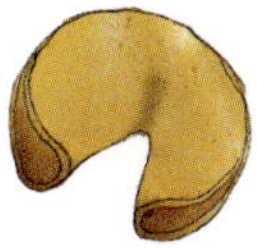

2 Eiweiß
60 g Puderzucker
25 g weiche Butter
40 g Mehl

- Eiweiß zu steifem Schnee schlagen und dabei langsam den Puderzucker einrieseln lassen, weiche Butter unterrühren und das Mehl dazugeben. Den Teig etwa 10 Min. ruhen lassen.
- In der Zwischenzeit den Backofen auf 180 °C (Umluft 160 °C) vorheizen und zwei Kuchenbleche mit Backpapier auslegen.
- Mit einem Wasserglas (8 cm Durchmesser) jeweils nur 3 Kreise auf das Backpapier einzeichnen, da das Verarbeiten des gebackenen Teigs rasch erfolgen muss. 10 persönliche Botschaften oder Neujahrswünsche auf kleine Papierzettel (1 x 4 cm) schreiben und zusammenfalten.
- Für das erste Blech je einen 3/4 EL Teig auf jeweils einen aufgezeichneten Kreis mit dem Messerrücken aufstreichen. Im Backofen auf mittlerer Schiene etwa 8 Min. backen.

- Die Kreise vorsichtig mit einem breiten Messer abheben, Neujahrsgrußzettel in die Mitte legen und rasch einmal in der Mitte zusammenfalten und Ränder leicht andrücken. Halbmond hinlegen und die beiden Spitzen vorsichtig zur Mitte hin falten. Auf einem Kuchengitter auskühlen lassen.
- Mit dem Backen der Kekse fortfahren, bis der Teig verbraucht ist. Dabei immer ein gekühltes Backblech verwenden. Kekse in einer Blechdose aufbewahren.

VERPACKUNGSIDEE
Zum Transport und Verschenken in eine chinesische Bambusbox schichten (Wantan-Box, aus dem Asialaden). Zum Zubinden eignet sich am besten heller Naturbast.

Rumbömbchen

Ergibt 48 Stück (2½ cm ø)

200 g	dunkle Schokolade (70 %)
100 ml	Rohrzuckersirup
75 ml	Cognac
100 ml	dunkler Rum
400 g	Butterkekse, fein zerrieben
100 g	Mandeln, feingehackt
100 g	Walnüsse, feingehackt
	Zucker

- Schokolade im Wasserbad (s. S. 105) oder in der Mikrowelle schmelzen und etwas abkühlen lassen.
- Zusammen mit allen anderen Zutaten bis auf den Zucker in einer Schüssel gut vermischen.
- Jeweils 1 EL der Masse in den Handflächen zur Kugel formen und danach in Zucker wälzen.
- Die Kugeln auf ein Tablett legen und in den Kühlschrank stellen, damit sie fest werden und gut durchziehen.
- Bis zum Verschenken in einer Blechdose im Kühlschrank aufbewahren.

VERPACKUNGSIDEE
Wickeln Sie die Rumbömbchen in verschiedenfarbiges Seidenpapier. Drehen Sie die Enden einfach an beiden Seiten dekorativ zusammen. Zum Transport in eine Blechdose mit der Aufschrift »Bömbchen: Vorsicht – explosiv!« legen.

Prost Neujahr!

Begrüßen Sie das neue Jahr mit Pauken und Trompeten! Und bringen Sie nach der kurzen Silvesternacht ein edles Katerfrühstück mit, das Kopfschmerzen vergessen lässt. Ein Kaviarfrühstück hat es natürlich in sich – gerade finanziell gesehen –, aber schließlich ist nur einmal im Jahr Neujahr!

Blinis mit Kaviar

Ergibt 6 Portionen

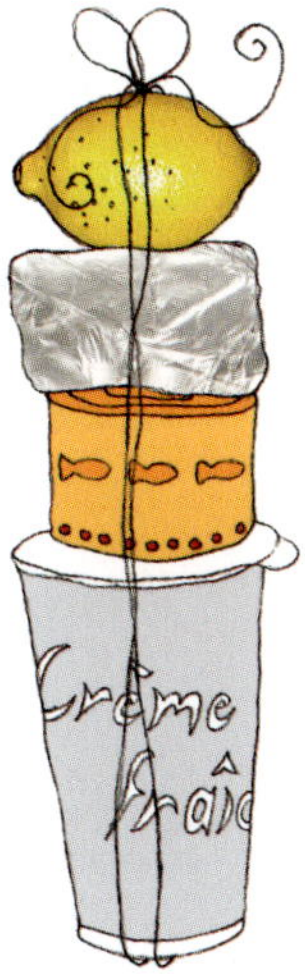

1	Würfel frische Hefe
1 TL	Zucker
75 g	Buchweizenmehl
300 g	Weizenmehl
3	Eigelb
½ TL	Salz
3	Eiweiß
60 g	Butter (zum Braten)
1	Dose Kaviar (200 g)
1	Becher Crème fraîche (200 g)
2	Zitronen

- Hefe zerbröseln und mit dem Zucker in ⅛ l lauwarmem Wasser verrühren.
- Zugedeckt etwa 15 Min. an einem warmen Ort gehen lassen. Den Hefeansatz mit ⅜ l warmem Wasser mischen.
- Buchweizenmehl, Mehl, Eigelb und Salz dazugeben und alles mit dem Knethacken des Handrührers oder in der Küchenmaschine zu einem geschmeidigen Teig verarbeiten.
- Zum Schluss das steifgeschlagene Eiweiß unterheben. Zugedeckt 30 Min. gehen lassen.
- Butter in der Pfanne zerlassen und 12 kleine Pfannkuchen ausbacken. Bis zum Verbrauch in Alufolie auskühlen lassen. Blinis warm mit je 1 EL Kaviar, Crème fraîche und einer Scheibe Zitrone servieren.

VERPACKUNGSIDEE

Packen Sie Blinis, Kaviardose und einen Becher Crème fraîche einzeln fest in Alufolie ein. Schichten Sie die Päckchen aufeinander und verschnüren Sie das Paket mit Bindfaden. Binden Sie die Zitronen daran.

Pfirsich und Ingwer
Campari Orange
Orange
Wein
Amaretto
WODKA
Mehl

Die pfiffige Speisekammer

Campari-Orangen-Marmelade

Ergibt 4 Gläser

11	mittelgroße Orangen
10 g	Zitronensäure (aus der Apotheke)
1	Zitrone
100 ml	Campari
900 g	Zucker

Zum Einmachen:

250 g	Paraffinwachs (aus der Apotheke)
	Marmeladengläser

- Orangen schälen und die weiße Haut entfernen.
- Von 7 Orangen mit einem scharfen Messer die einzelnen Filets aus der Haut herausschneiden. Den austretenden Saft auffangen und 500 g Orangenfilets abwiegen.
- Die restlichen 4 Orangen auspressen (300 ml Saft) und zusammen mit den Orangenfilets und 10 g Zitronensäure in einen Kochtopf geben. Zucker und den Saft der Zitrone zusetzen und gut verrühren.
- Gläser heiß ausspülen, abtropfen lassen und bereitstellen.
- Fruchtmasse unter Rühren bei starker Hitze zum Kochen bringen und 10 Min. sprudelnd kochen. Gelierprobe machen: Einige Tropfen auf einen Teller geben. Läuft die Konfitüre zähflüssig, ist der Gelierpunkt erreicht. Topf vom Herd nehmen und rasch den Campari unterrühren.
- Sofort heiß in Gläser füllen und offen abkühlen lassen.

VERPACKUNGSIDEE

Paraffinwachs in einem kleinen Topf schmelzen und auf die erkaltete Konfitüre gießen, bis eine geschlossene Wachsschicht von etwa ½ cm entstanden ist. Erkalten lassen und mit Cellophan-, Stoff- oder Packpapierdeckeln versehen und mit bunten Bändern schließen.

Pfirsichkonfitüre mit Ingwer und Amaretto

Ergibt 4 Gläser

600 g	feste Pfirsiche
800 g	Kristallzucker
	Saft von 4 Zitronen
200 g	kandierter Ingwer, feingehackt
2 EL	Amaretto

- Pfirsiche entkernen, häuten und grob würfeln. Zusammen mit den restlichen Zutaten bis auf 2 EL Amaretto in eine große Schüssel geben und 24 Std. ziehen lassen. Ab und zu umrühren.
- In einen großen Einkochtopf geben und bei milder Hitze unter Rühren erwärmen, bis die Pfirsiche weich sind.
- Wenn der Zucker sich aufgelöst hat, die Hitze erhöhen und die Masse zum Kochen bringen.
- Kochen lassen und nach etwa 8 bis 10 Min. die Gelierprobe machen. Dazu einige Tropfen Marmelade auf einen Teller geben. Wenn der Tropfen zähflüssig läuft, ist die Marmelade gut.
- Vom Herd nehmen und 2 EL Amaretto rasch unterrühren.
- In saubere Gläser füllen, Schraubdeckel schließen und mit festem Papier (z. B. farbigem Packpapier) verpacken.

TIPP
Die Pfirsichkonfitüre hält sich bis zu 6 Monate. Angebrochene Gläser im Kühlschrank aufbewahren.

Erdnussbutter-Cookies

Ergibt etwa 50 Stück

125 g	Erdnussbutter, cremig
125 g	weiche Butter
100 g	brauner Zucker
100 g	weißer Zucker
1	Ei
250 g	Mehl
1 TL	Backpulver
½ TL	Natron
1	Prise Salz
50 g	Erdnüsse, ungesalzen, gehackt

- Erdnussbutter, Butter und Zucker cremig rühren, Ei zugeben und weiterrühren.
- Mehl, Backpulver, Natron und Salz mischen, unter die Buttermasse heben, Erdnüsse zufügen und zu einem glatten Teig kneten. Kugel formen, in Folie wickeln und mind. 1 Std. kalt stellen.
- Mit den Händen etwa walnussgroße Kugeln formen und im Abstand von 4 bis 5 cm auf ein gefettetes Backblech setzen. Leicht flachdrücken und im vorgeheizten Backofen bei 175 °C (Umluft 155 °C) 10 bis 15 Min. goldbraun backen.

VERPACKUNGSIDEE
Stapeln Sie jeweils 5 Cookies übereinander und binden Sie hübsches Geschenkband drum.

Nervenfutter

Ergibt 40 bis 50 Stück

750 g	Dinkelvollkornmehl
100 g	Mandeln, gemahlen
175 g	Butter
200 g	brauner Zucker
2	Eier
¼ TL	Salz
5 g	Nelkenpulver
20 g	Muskatnuss, gerieben
20 g	Zimt

- Alle Zutaten vermischen und mit wenig Wasser zu einem kompakten Teig verkneten.
- Teig dünn ausrollen und runde Plätzchen (4 bis 5 cm Durchmesser) ausstechen.
- Plätzchen auf zwei mit Backpapier ausgelegte Backbleche legen und im vorgeheizten Backofen bei 180 bis 200 °C nacheinander in 5 bis 10 Min. backen. (Im Umluftherd können beide Bleche bei 140 bis 160 °C übereinander gebacken werden.)

VERPACKUNGSIDEE

Packen Sie die Kekse in eine Weißblechdose (Konserve), deren Deckel Sie mit dem Büchsenöffner nicht ganz geöffnet haben, sodass sich die leere Weißblechdose leicht öffnen und wieder schließen lässt. Mit einem Permanentschreiber dick »Nervenfutter« draufschreiben.

Whiskytrüffel

Ergibt 30 bis 40 Stück

100 g	Crème fraîche
200 g	Bitterschokolade (mind. 70 % Kakao), grob gehackt
3 EL	Whisky
3 TL	weiche Butter
3–4 TL	Kakaopulver

- Crème fraîche in einen kleinen Topf geben. Einen zweiten, größeren Topf halb mit Wasser füllen. Den kleineren hineinsetzen und die Crème fraîche langsam im Wasserbad erhitzen. Schokolade darin schmelzen, Whisky und Butter unterrühren. Masse kühlen, jedoch nicht fest werden lassen.
- Großen Teller im Gefrierfach etwa 10 Min. frosten. Kakaopulver auf einen zweiten Teller sieben.
- Von der Schokoladenmasse jeweils ½ TL abstechen und mit angefeuchteten Händen kleine Kugeln formen, in Kakao wälzen und auf den gefrosteten Teller setzen. Bis zum Verzehr kühlen.

VERPACKUNGSIDEE

Basteln Sie aus transparenter Windradfolie (Bastelbedarf) und den Deckeln von 2 Spandosen eine kleine Schachtel, legen Sie den Boden mit Tortenspitze aus und schichten die Trüffel hinein.

Honigsenf

Ergibt etwa 250 ml

100 g	gelbes Senfmehl
100 g	Honig, flüssig
3–4 EL	Sonnenblumenöl
1 EL	Obstessig
1	Prise Salz

- Alle Zutaten zu einer cremigen Masse rühren, in Schraubgläser füllen und fest verschließen. Im Kühlschrank hält der Senf etwa 4 Monate.

TIPP

Gelbes Senfmehl (oft auch als weißes bezeichnet) sowie Senfkörner können Sie im Gewürzladen oder günstig übers Internet von verschiedenen Anbietern beziehen.

Kräutersenf

Ergibt etwa 1⅕ Liter

1	Zwiebel, geviertelt
2	Knoblauchzehen, geviertelt
1	Lorbeerblatt
je 1 EL	frische Majoran-, Salbei-, Thymian- und Estragonblättchen
500 ml	Weißweinessig
300 ml	Wasser
3 EL	brauner Zucker
250 g	gelbes Senfpulver
125 g	dunkle Senfkörner
½ TL	Nelkenpulver
½ TL	gemahlener Zimt
½ TL	Korianderpulver

- Zwiebel, Knoblauch und Kräuter in eine Glasschüssel geben, mit Essig übergießen und 2 bis 4 Tage zugedeckt an einem warmen Ort ziehen lassen. Kräuteressig anschließend durch ein Tuch abseien.
- Wasser und Zucker aufkochen, bis sich der Zucker aufgelöst hat, zum Kräuteressig geben, abkühlen lassen.
- Senfpulver mit der Flüssigkeit zu einem Brei rühren, Senfkörner, Nelkenpulver, Zimt und Korianderpulver beimischen. Senf in Schraubgläser füllen und kühl aufbewahren. Bis zum Verzehr mind. 1 Monat lagern.

Meerrettichsenf

Ergibt etwa 700 ml

- 200 ml Wasser
- 200 ml Weißweinessig
- 200 g gelbes Senfpulver
- 1 kleine Meerrettichwurzel, geschält, fein gerieben
- 1 Apfel, geschält, gerieben
- 1 EL Zitronensaft
- 3 EL Zucker
- 1 TL Salz

- Wasser mit Essig kurz aufkochen, Senfpulver zugeben und zu einer sämigen Masse rühren, abkühlen lassen.
- Restliche Zutaten untermischen, in Schraubgläser abfüllen und gut verschließen.

Orangen-Pfeffer-Senf

Ergibt etwa 600 ml

- 200 g gelbes Senfpulver
- 200 ml Weißweinessig
- 100 ml Wasser
- 5 EL Orangenmarmelade
- abgerieben Schale von 1 unbehandelten Orange
- 1 TL Zitronensaft
- 2 EL grüne Pfefferkörner
- 1 TL Salz
- 4 EL Sonnenblumenöl
- 3 EL Cognac

- Senfpulver, Essig, Wasser, Marmelade, Orangenschale, Zitronensaft, Pfefferkörner und Salz mit einer Gabel zur cremigen Masse rühren und in einer Glasschüssel über Nacht offen ziehen lassen.
- Am nächsten Tag Öl und Cognac untermischen, in Schraubgläser abfüllen und fest verschließen.

VERPACKUNGSIDEE

Eine dekorative Papierserviette auffalten und über den Deckel des geschlossenen Glases spannen, mit einem Gummiband unterhalb des Deckels fixieren. Serviette über dem Deckel zusammenraffen und mit Geschenkband zubinden. Serviettenzipfel auf 3 cm zurückschneiden. Wer möchte, kann gleich auch den passenden Senflöffel an das Band binden.

Auberginen-Chutney

Ergibt etwa 1½ Liter

- 3 Auberginen, geschält, gewürfelt
- 2 EL Salz
- 1 l Weißweinessig
- 2 EL Zucker
- 1 kleine Peperoni, entkernt, gehackt
- 1 Bund Schnittlauch, klein geschnitten
- 2 EL Basilikum, geschnitten
- 2 Knoblauchzehen, zerdrückt
- 1 EL Olivenöl

- Auberginenwürfel mit Salz bestreuen und 30 Min. ziehen lassen, mit Küchenkrepp trockentupfen.
- Essig mit Zucker aufkochen, Auberginen zugeben und 5 Min. sprudelnd kochen. Auberginen in ein Sieb geben, Flüssigkeit auffangen und zur Seite stellen.
- Auberginenpüree mit Peperoni, Schnittlauch, Basilikum und Olivenöl mischen. Marmeladengläser zu ¾ füllen. Den Inhalt mit der aufgefangenen Kochflüssigkeit bedecken. Gläser gut verschließen und mind. 4 Wochen stehen lassen. Nach dem Öffnen umrühren.

TIPP

Das Chutney passt zu würzigen Gemüse-, Reis- und Fleischgerichten und besonders gut zu indonesischen Reisgerichten.

VERPACKUNGSIDEE

Füllen Sie das Chutney in mehrere unterschiedlich große Gläser mit Schraubdeckeln.

Feuriges Würzöl

Ergibt ¼ l Öl

- 30 g getrocknete Ingwerwurzel
- 1 Msp. gemahlene Muskatblüte
- 1 Gewürznelke
- 250 ml Sonnenblumenöl
- 3 kleine, rote Chilischoten, getrocknet

- 1 Glasflasche à 250 ml mit Korken

- Ingwerwurzel, Muskatblüte und Nelke in die sauber gespülte Glasflasche geben.
- Öl einfüllen und die Chilischoten zum Schluss in die Flasche geben, sodass sie dekorativ im Flaschenhals stecken.
- Gut verschließen und bis zum Verschenken kühl aufbewahren.

TIPP
Das volle Aroma des Würzöls entfaltet sich nach etwa 1 bis 2 Wochen.

Kräuteressig

1 l	Apfelessig
je 2	Zweige frischer Estragon und Thymian
2	frische Chilischoten
2	Knoblauchzehen, geschält
2 TL	schwarze Pfefferkörner

1 Glasflasche oder Karaffe zu 1 Liter
etwas Bast

- Essig in einem Topf (kein Aluminiumtopf) aufkochen und 1 bis 2 Min. sprudelnd kochen lassen. Vom Herd nehmen und auf etwa 40 °C abkühlen lassen.
- Kräuter waschen, trockentupfen. Chilischoten evtl. längs halbieren (Samen drin lassen), damit sie durch den Flaschenhals passen.
- Estragon und Thymian mit Bast zum Sträußchen binden und zusammen mit dem Knoblauch und den Pfefferkörner in die mit heißem Wasser ausgewaschene Glasflasche oder Karaffe füllen.
- Mit dem warmen Essig überschütten und gut verschließen.

TIPP
Den Essig bis zum Verbrauch 14 Tage durchziehen lassen. Er hält sich gut 6 Monate.

VERPACKUNGSIDEE
Verschenken Sie den Kräuteressig mit einem Hut aus Packpapier. Dazu mit der Zackenschere einen Kreis ausschneiden, auflegen und mit einem Bindfaden zubinden.

Kaffee-Sahne-Likör

Ergibt 1 Liter

50 g	Kaffee, gemahlen
400 ml	Wasser
80 g	brauner Zucker
1	Prise Zimt
1	Prise Piment
300 ml	Cognac oder (guter) Weinbrand
300 ml	Sahne

- Kaffee im Filter mit kochendem Wasser überbrühen, abseihen, Zucker darin auflösen, mit Zimt und Piment würzen, abkühlen lassen.
- Cognac und Sahne dazugeben, in Flaschen abfüllen und über Nacht im Kühlschrank stehen lassen. Gekühlt hält der Likör gut 2 Wochen.

VERPACKUNGSIDEE

Füllen Sie den Likör in leere Bocksbeutelflaschen oder andere dekorative Flaschen mit Verschluss. Diese können Sie beliebig beschriften: »Verwöhntropfen«, »Ruhepause« oder »Nur für Dich!«.

Wodka blau

Ergibt mehrere kleine Flaschen

1 Flasche Wodka (1 l)
1 Tüte blaue Hustenbonbons (75 g)

- Wodka und Hustenbonbons in eine größere Flasche (oder mehrere kleine) füllen und an einen warmen Ort stellen (z. B. auf die Heizung), bis sich die Bonbons aufgelöst haben und der Wodka blau verfärbt hat (1 bis 2 Tage).
- Vor dem Verschenken kräftig schütteln.

VERPACKUNGSIDEE

Füllen Sie die blaue Medizin in kleine Glasflaschen mit altmodischem Porzellan-Bügelverschluss (50 oder 100 ml) und hängen Sie einen kleinen »Beipackzettel« an den Flaschenhals mit der Aufschrift »Blaues Wunder«.

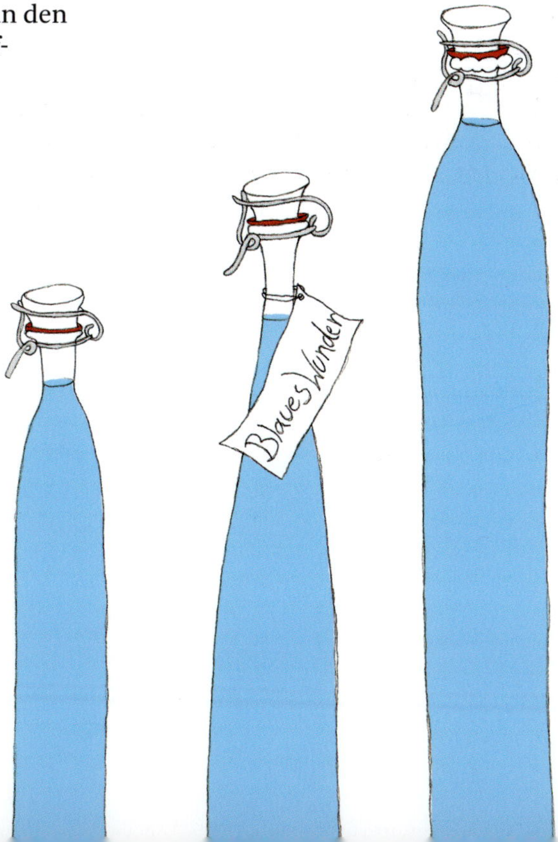

Die Etiketten

Die Marmelade ist fertig, der Senf angerührt und die Kekse verpackt. Jetzt fehlt nur noch das passende Etikett, damit Ihr kulinarisches Mitbringsel eine ganz persönliche Note bekommt und jeder weiß, welche Leckerei sich darin versteckt.

Die Etiketten auf den folgenden Seiten können Sie ausschneiden (für die kleineren Etiketten lieber die Nagelschere verwenden) oder kopieren, farbig ausmalen und aufkleben. Oder das rot umrandete Loch auf den Etiketten mit einem Locher ausstanzen, Wollfaden oder feines Geschenkband durchfädeln und fertig ist der Geschenkanhänger.

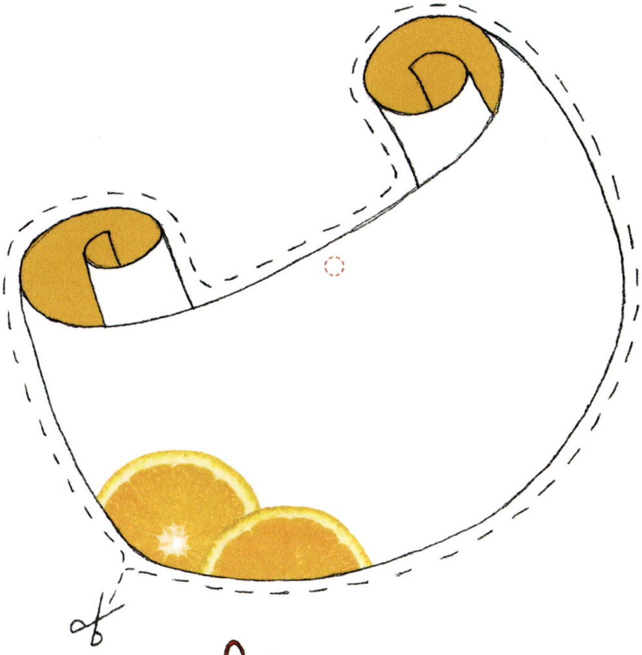

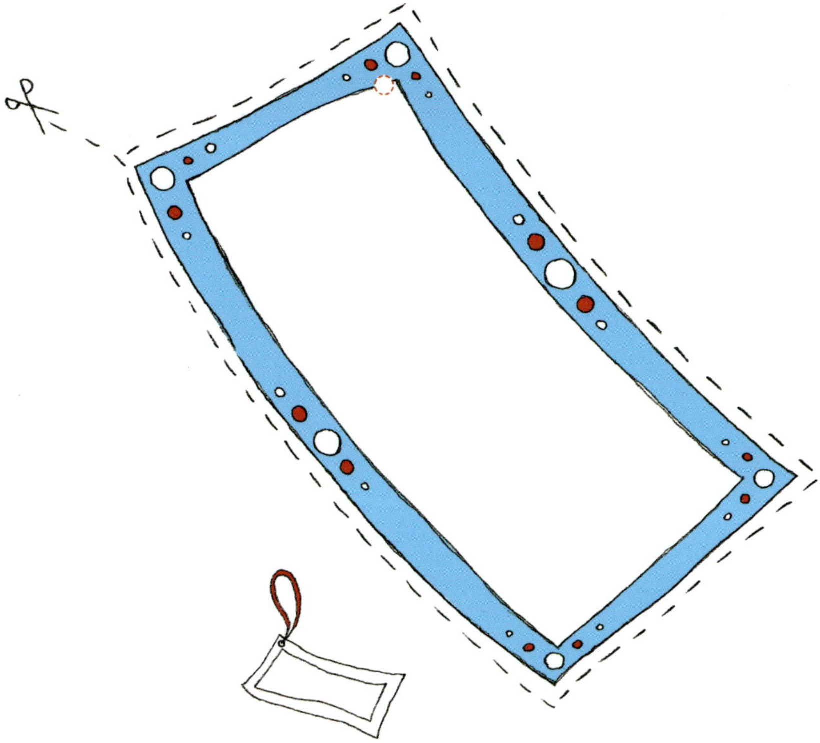

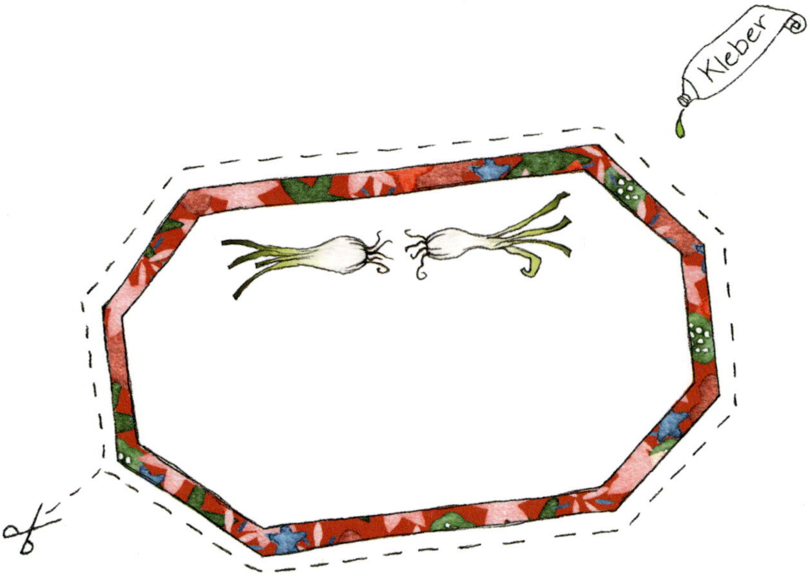
Kleber

Homemade – das Team

Regina Schneider, die bekannte Foodexpertin, Journalistin und Bestseller-Autorin (*Aldidente*), hat zahlreiche Kochbücher veröffentlicht, arbeitet für überregionale Zeitungen und Zeitschriften und ist Herausgeberin von Gastroführern. Sie lebt mit ihrer Familie in Frankfurt am Main.

Birgit Hackl ist Kommunikationsexpertin, Autorin und – last but not least – eine begeisterte Köchin. Sie ist Projektmanagerin im Themenumfeld Kinder & Wissenschaft und lebt mit Mann und drei Söhnen im Taunus.

Miriam Koch, geboren 1980, studierte Kommunikationsdesign mit Schwerpunkt Illustration in Trier. Ihre große Liebe zur Nordsee inspirierte sie zu *Fiete Anders*, ihrem ersten Erfolgsbuch. Sie lebt und arbeitet in Bremen.

Rezepte nach Gruppen

Herzhaftes

Eingemachtes

Obstiges

Gebäck

Naschwerk und Süßspeisen

Getränke

Register nach Anlässen

Rezepte alphabetisch

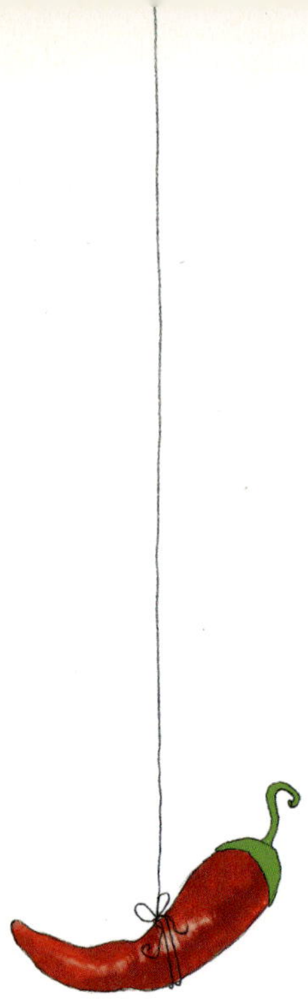

Bibliografische Information der Deutschen Nationalbibliothek
Die Deutsche Nationalbibliothek verzeichnet diese Publikation in der Deutschen Nationalbibliografie; detaillierte bibliografische Daten sind im Internet über http://dnb.d-nb.de abrufbar.

Gestaltung und Satz: typocepta, Wilhelm Schäfer, Köln
Satz aus der Arnhem und der Salmiak
Druck und Bindung: Westermann Druck, Zwickau
Printed in Germany

www.gerstenberg-verlag.de

ISBN 978-3-8369-2570-9